澎湃野吉旅行趣 1

第一次出國就去義大利

澎湃野吉◎圖文　張秋明◎譯

✿ 前言 ✿

將第一次海外旅行畫成漫畫。

雖然讀過之後既對各位的旅行毫無幫助，

也無法讓各位成為義大利萬事通。

但基於柴魚塊的精神，

我可是努力刨出一片又一片的柴魚花完成此書，

希望各位能樂在其中。

2009.09 Ban.

★出場人物介紹★

澎湃野吉
(小澎)

本書作者，男♂
元祖(自稱)宅男插畫家。
基本上不太遵守截稿期限。
外觀看起來像貓，但貨真價實是人類，而且年過三十！
名字充滿外國風味，卻是個日本人。除了日文之外，其他
語言一竅不通。就連日文也有些問題。基本上不愛出門。
主要喜歡窩在家裡，從沒主動外出旅行。
當然沒有任何出國經驗。這一次的義大利之旅堪稱
人生首度海外體驗。

SUZU

澎湃野吉的責任編輯，女♀
喜歡旅行、出國經驗豐富。
興趣是帶著井上先生(猴子布偶)到每個景點拍照。
聽得懂英文卻不會說。
到目前為止去過的地方有：
美國西海岸、義大利、馬來西亞、土耳其、英國、
法國、香港、比利時、埃及、印度、澳門、
夏威夷、希臘、肯亞、墨西哥、蒙古、澳洲、摩洛哥…

井關老弟

這一次的導遊兼口譯，男♂
從小在英國和義大利住過，
大學時回到日本。
主修義大利語與文學
之後也到義大利短期遊學，
學習語言、歷史、文學。
精通義大利語與當地風土民情，
但外觀卻不怎樣的年輕人。

目錄

義大利這一次
去過地點的地圖

米蘭
8
威尼斯
6
7
慕拉諾島
波隆那
5
4
佛羅倫斯
羅馬
1
拿坡里
2
3
卡布里島

※ 數字代表造訪的順序，並非停留的天數。

澎湃野吉旅行趣 / 義大利篇

從出發到回國的行程表

	取材時的行動目標	本書實際造訪的主要地點	住宿地
第一天	下午從成田出發-晚上抵達羅馬。下飛機後直接前往飯店。消除疲勞調整時差。	成田機場、（羅馬）菲烏米奇諾機場、特米尼車站。	羅馬
第二天	先是一整天的羅馬市區觀光。享受類似「羅馬假期」的旅行。	西班牙廣場、人民廣場、人民聖母教堂、梵諦岡城國、聖天使城堡、圓形競技場。	羅馬
第三天	早上搭火車到拿坡里，於拿坡里吃地道的披薩。前往卡布里島，可以的話希望能去藍洞。	拿坡里、卡布里島。	羅馬
第四天	傍晚從羅馬出發，搭火車前往佛羅倫斯，抵達後稍微散步。	西班牙廣場、許願池噴泉、古羅馬廣場區、真理之口、大競技場。	佛羅倫斯
第五天	早上搭火車前往波隆那，整天參觀圖畫書展本。離開前務必嘗到「波隆那肉醬麵」。	波隆那圖畫書展	佛羅倫斯
第六天	原則上以主教座堂為中心散步觀光佛羅倫斯市區	百花聖母教堂、中央市場、野豬銅像、烏菲茲美術館、舊橋、天堂之門、聖三一橋。	佛羅倫斯
第七天	下午離開佛羅倫斯，搭火車前往威尼斯，抵達後稍微散步。	（佛羅倫斯）主教座堂、（威尼斯）聖馬可廣場、里奧托橋。	威尼斯
第八天	先搭鳳尾船（Gondola）。參觀威尼斯玻璃工廠。	慕拉諾島、威尼斯玻璃工廠、鳳尾船、嘆息橋。	威尼斯
第九天	下午離開威尼斯，搭火車前往米蘭，抵達後稍微散步。不要忘了買紀念品。	（佛羅倫斯）面具店、（米蘭）主教座堂周邊。	米蘭
第十天	上午散步觀光米蘭市區，下午前往機場，搭傍晚的班機離開米蘭。	（米蘭）感恩聖母院、馬爾彭薩機場。	機上
第十一天	早上抵達成田，解散。	成田機場	回國

※以上簡單表列取材預定的行動和實際走訪過的地點。本書不太具有「去義大利旅行前必讀」的有用知識。如果有特殊人士要以本書作為旅行的參考，但願本表能提供某些的幫助。

1 UNO

第一天
出發、前往義大利

噠噠噠噠噠
SUZU
Goma Books的好手編輯，負責接洽日本第一會拖稿的插畫家澎湃野吉。最喜歡出國旅行、海外經驗豐富，因為如願以償確定這一次能夠出國旅行取材，很高興地特別跑來通知……
啦啦 啦啦 啦啦♪
喀嚓
澎湃先生你好啊!!
砰
給你一個驚喜，這一次我們可以去義大利來個十日之旅了~
太棒了♪
嗄？
澎湃野吉
蹩腳插畫家。比起旅行更喜歡窩在房間的角落。31歲，還沒出過國。
動也不動
原本不抱希望地提出遊記企劃，沒想到竟通過了，連我都很佩服自己的聰明能幹。而且目的地還是義大利耶!! 又是長達十天！♪ 羅馬、拿坡里、佛羅倫斯、威尼斯，還有米蘭也不可少。當然每天都要大吃特吃義大利美食。哦，討厭，當然是要去工作的啦。
還有一名翻譯隨行。
喂!!
氣！
你有沒有在聽呀？是義大利耶，義大利！
…
對外面的世界沒興趣
麻煩死了、麻煩死了、我連呼吸都覺得麻煩死了
那可不行唷。整天關在屋子裡是畫不出好作品的。去很多地方累積不同的經驗才能產生有趣的創意
拖在地上拉著走
啊，對了。澎湃先生你有護照嗎？
沒有
那行李箱呢？
沒有
你怎麼什麼都沒有呢!!
沒錯

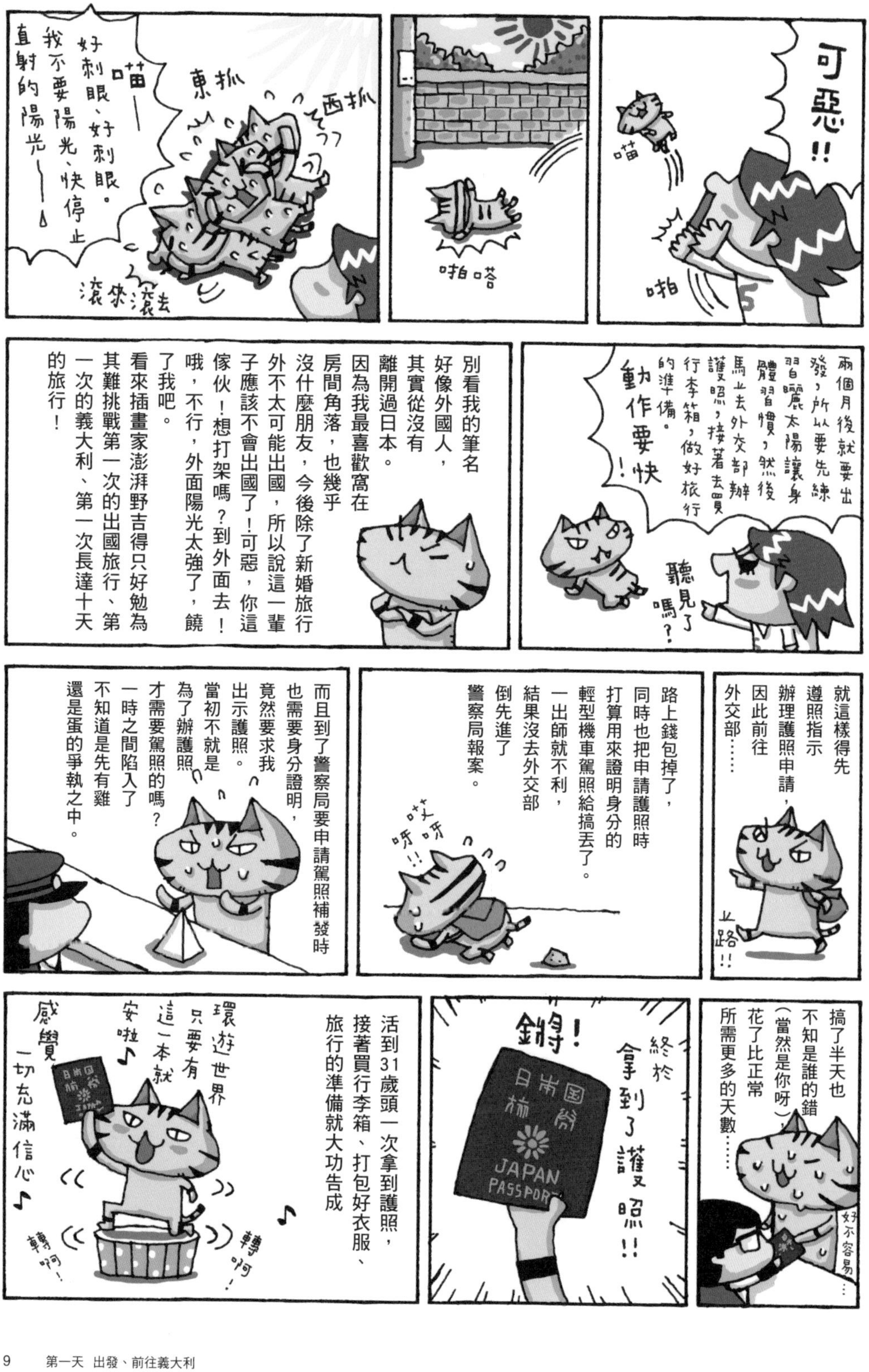
可惡!!
喵
啪
啪嗒
喵——
東抓
西抓
好刺眼、好刺眼。
我不要陽光、快停止
直射的陽光～～～！
滾來滾去
兩個月後就要出發，所以要先練習曬太陽讓身體習慣，然後馬上去外交部辦護照，接著去買行李箱，做好旅行的準備。
動作要快！
聽見了嗎？
別看我的筆名好像外國人，其實從沒有離開過日本。因為我最喜歡窩在房間角落，也幾乎沒什麼朋友，今後除了新婚旅行外不太可能出國，所以說這一輩子應該不會出國了！可惡，你這傢伙！想打架嗎？到外面去！哦，不行，外面陽光太強了，饒了我吧。看來插畫家澎湃野吉得只好勉為其難挑戰第一次的出國旅行、第一次的義大利、第一次長達十天的旅行！
就這樣得先遵照指示辦理護照申請，因此前往外交部……
上路!!
路上錢包掉了，同時也把申請護照時打算用來證明身分的輕型機車駕照給搞丟了。一出師就不利，結果沒去外交部倒先進了警察局報案。
哎呀呀!!
而且到了警察局要申請駕照補發時也需要身分證明，竟然要求我出示護照。當初不就是為了辦護照才需要駕照的嗎？一時之間陷入了不知道是先有雞還是蛋的爭執之中。
搞了半天也不知是誰的錯（當然是你呀），花了比正常所需更多的天數……
好不容易…
鏘！
終於拿到了護照!!
日本国 旅券
JAPAN PASSPORT
活到31歲頭一次拿到護照，接著買行李箱、打包好衣服、旅行的準備就大功告成
環遊世界只要有這一本就安啦♪
感覺一切充滿信心♪
轉啊！
轉啊！

就此安下一百二十個心，真是失策！因為以為最困難的護照已經拿到，心情便鬆懈了下來，加上天生的懶蟲性格，一向都信守座右銘「明天能做的事今天絕不做」的澎湃野吉，別說是買行李箱了，連內褲一條也沒準備，一整個禮拜都窩在房間裡毫無動靜。
動也不動
結果…
等我想到時已經是出發前兩天，行李箱都還沒買
4月
8 9 10 11
12‥
去義大利出發日
呵
後天就要去義大利了
這下糟了！
這一格漫畫是沿用上一頁的。那不是重點啦！重點是明天一天得完成所有的旅行準備。可是這是我第一次的出國旅行，而且又長達十天。我根本搞不清楚該用多大的行李箱和帶哪些必要的旅行用品。怎麼辦？總之先睡一覺吧！不行，這樣逃避也不是辦法。
不得已只好求助於喜愛旅行的老妹
喂！是這樣子啦，後天要去義大利……大約十天……
可是行李箱……沒錯，還沒買……因為一耽擱下來，不知不覺就到了出發前兩天…所以想拜託妳…
結果隔天約好老妹陪我一起去買行李箱等需要的東西。老妹也答應出國期間幫我看家。
出國前一天
好久不見了♪
澎湃野吉的妹妹
不同於哥哥，喜愛旅行。曾經預約去澳洲旅行的團，不料前一天竟跌倒，腕骨有些裂痕，老妹擔心醫生會要求她放棄旅行。乾脆不就醫，以澳洲旅行為優先考量，可見她有多喜歡旅行呀！
義大利，好羨慕喲
到了旅行用品店後，首先挑了行李箱。
旅行用品樓層
從來沒有仔細看過行李箱，原來有這麼多的尺寸、形狀和顏色可挑選
根本搞不清楚該挑哪一個
挑選行李箱的重點會因旅行的目的和天數而不同。以這次出國十天的情況來說，應該挑選堅固的硬殼材質、尺寸是70cm的L號。也有更大的行李箱，不過越大代表裝的東西會增加也越重，所以差不多大就好了。

我挑這個♪
LL號
超大!!
老哥我都沒聽的說明!?
請容我說明
我是那種只要有一大一小可挑，肯定二話不說挑大的，結果又一定會出包的貪小便宜歐巴桑型男人。
大的一定好！
結果買了差不多大的行李箱
那接下來要買適合帶出國旅行的東西。我看看……
護照套
錢包套
這是保護護照、錢包等貴重物品不被偷或遺失的好幫手
壓縮袋
體積大的衣服也能壓縮變小
變換插頭
因為和日本的電壓不同，如果帶不具變壓功能的電器去，就必須另備變壓器
最好帶去的東西大概就這些了
其他的旅行用具跟國內旅行一樣
旅行用品
剩下的就挑你喜歡的吧
行李箱我看著，老哥可以再去逛逛
了解
枕頭需要嗎？有些人換了枕頭就睡不著，我倒是沒有睡不著的毛病
啦啦啦♪
我覺得水壺應該沒有必要
又不是去遠足
妳在胡說什麼？一提到旅行，水壺裡裝可爾必思一定要的啦!!那可是世界標準的常識耶!!
瞪眼
這就叫做男人的浪漫!!

我要把可爾必思裝進這裡，在義大利的城鎮裡，在眾人羨慕的眼光下喝。太棒了！
哇…
好好喲，有可爾必思喝，真好
咕嚕咕嚕
嘻嘻嘻，太完美了
所以呢，男人買東西妳們女人不要插嘴!!
用力一指
那就不要找我來呀
真受不了，老哥感覺會買很多沒有必要的東西
旅行用品
旅行
這個好
這個也不錯
跑來
跑去
亂七八糟一大堆!!
一共是○萬日圓
好貴
買太多了!!
請問是要旅行嗎？看您好像也買了行李箱，應該是出國旅行吧？
是的，去義大利，大約十天
哇！好棒喲。請問什麼時候出發呢？
明天
尷尬
什麼？
這麼快呀
就這樣帶著行李箱和幾乎快抱不動的旅行用品回家
哦，有輪子還挺方便的嘛
古碌古碌古碌
好重呀！
馬上開始將十天需要的換洗衣物、護照、買來的東西打包進行李箱裡
完成了？
擠呀擠呀

關不起來
我想也是
唉!這是菜鳥常犯的錯誤啦。重點是不要動不動什麼東西都想帶去。
例如衣服少帶些,可以在當地洗…
行李箱一開!!
這是什麼?
呵,那是酸梅、脫水酸梅、小梅喉糖、脫水納豆、醬菜組合包、攜帶式綠茶包、管狀味噌湯包、乾燥飯糰
一個接著一個
還有…芝麻香鬆、茶泡飯香鬆,根據十天的需要量每種都準備了三、四包
蝦密!!
不用帶這麼多
丟!
丟!
丟!
難得能夠出國旅行,幹嘛還要帶這麼多的日本食物!!享受當地美食才是旅行的真髓,就算要帶也只需一、兩包吧
用不著這麼多
可是不是常聽人說到了國外反而想念日本的食物嗎
何況義大利到處是美食,有義大利麵、披薩…
義大利美食一路吃到飽,真好!
咦
TRAVES
SENMENKI!!
這是什麼?
呵!那是要用的時候吹氣讓它膨脹,然後裡面放水,於是就能變成隨時隨地都能洗臉的……
撲通
攜帶式臉盆!!很棒吧
呵!
不需要
丟
倒地

難不成你是要去亞馬遜叢林嗎？
可…可是萬一義大利的洗臉盆形狀不適合日本人用的話，或許會很困擾吧
絕對是適合人類使用的形狀，放心好了
被禁止帶去的東西
亂七八糟一大堆
哦…留下來這麼多，感覺好不安喲……
至…至少讓我帶這個只要加水進去馬上就能用的速成濕紙巾吧……
我已經說過不需要
那就早點休息吧明天可不要睡過頭了
果真睡過頭了
糟糕…睡過頭了。完了，會遲到
嗯…先刷麵包再吃牙…
啪嗒
啪嗒
一路順風～別忘了老妹的禮物喲
老妹也別忘了星期一要買JUMP漫畫雜誌
那我出門了
別忘了照顧貓咪
還有出門時要記得檢查瓦斯關了沒、門鎖了嗎？
還不快走小心遲到了
凡事拜託囉
跟昨天不一樣，裝滿東西的行李箱好重呀
卡搭卡搭
嗯……
而且昨天剛買時覺得好用得不得了、很輕鬆的行李箱輪子，到了車站的階梯卻一點也派不上用場
澀谷車站
我不覺得有辦法帶到義大利
累斃了

SUZU編輯上場
早呀！哦，買了行李箱呀？可是好大呀，不會很重嗎？
早呀
坐在她頭上的是名叫井上先生的猴子布偶，不管國內外，只要出門旅行，都會帶著它一起去拍照是SUZU編輯的興趣
真好！馬上就要去義大利了
像這種感覺的照片
首先搭乘成田特快車到成田機場
Narita Express
N'EX
嗡—
哇
嗯？怎麼了嗎？
空的
……
……我忘了裝可爾必思
嘎？
啊咧？
成田機場
Check in之前還有時間，先找個地方吃午餐吧
哦，那就吃日式口味吧！日式口味!!因為暫時要離開日本了，至少在出發之前要吃
說的也是，好吧

炒飯
拉麵
陸續上菜
唏哩呼嚕
呼
呼
因為肚子一餓，就想大口吃中華料理嘛
這些不叫做日式口味吧？
無言～
這時跟我們一起去旅行的導遊兼翻譯井關老弟上場
兩位好，這一次旅行請多多指教♪
井關老弟
有留學義大利的經驗、義大利語也很流利、義大利導遊就交給他了
請期待義大利之旅吧
因為我沒有信用卡，先在這把現金換成歐元
哦，這就是歐元呀♪
手提行李檢查
好的，OK
身上有沒有帶金屬物
嗶！
好的，那位長得像貓的旅客請過來一下
咦？怎麼了!!又來了？啊!!
假裝不認識吧
簡單說明
澎湃野吉這個人總是很不可思議地以很高的機率無法順利通過金屬檢驗器!!簡直就是機器人!!
因為座位分開，暫時跟井關老弟分手
那就到羅馬見了
之後見了
再次簡單說明
澎湃野吉這個人對於坐飛機和吃香菇這兩件事沒輒，所以十分地難受
不停地發抖

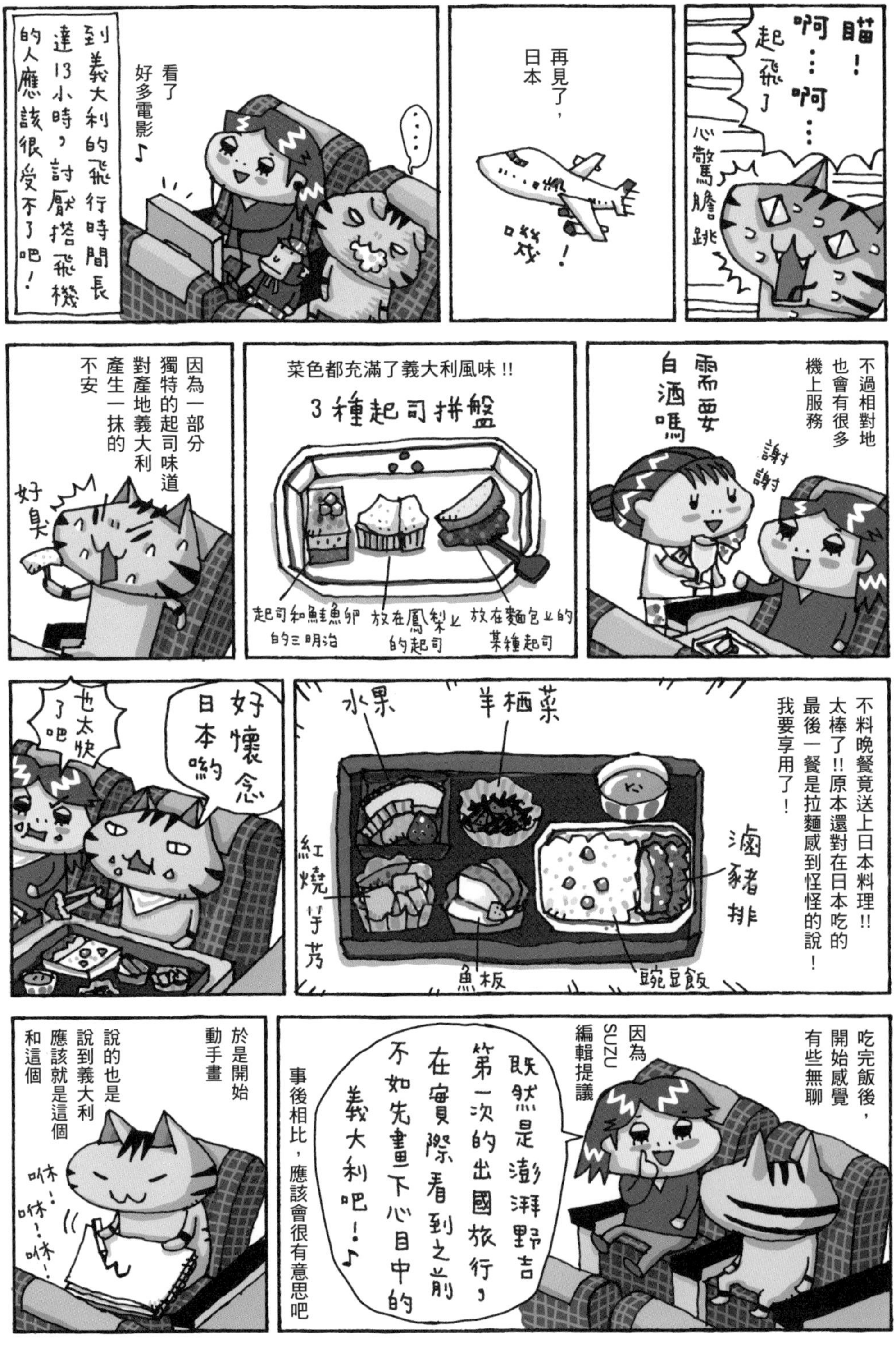

瞄！
啊……啊……
起飛了
心驚膽跳
再見了，日本
咻！
看了好多電影♪
到義大利的飛行時間長達13小時，討厭搭飛機的人應該很受不了吧！
……
不過相對地也會有很多機上服務
需要白酒嗎
謝謝
菜色都充滿了義大利風味!!
3種起司拼盤
起司和鮭魚卵的三明治
放在鳳梨上的起司
放在麵包上的某種起司
因為一部分獨特的起司味道對產地義大利產生一抹的不安
好臭
不料晚餐竟送上日本料理!!
太棒了!! 原本還對在日本吃的最後一餐是拉麵感到怪怪的說！
我要享用了！
水果
羊栖菜
滷豬排
紅燒芋艿
魚板
豌豆飯
好懷念日本喲
也太快了吧
吃完飯後，開始感覺有些無聊
因為SUZU編輯提議
既然是澎湃野吉第一次的出國旅行，在實際看到之前不如先畫下心目中的義大利吧！♪
事後相比，應該會很有意思吧
於是開始動手畫
說的也是說到義大利應該就是這個和這個
咻！咻！咻！

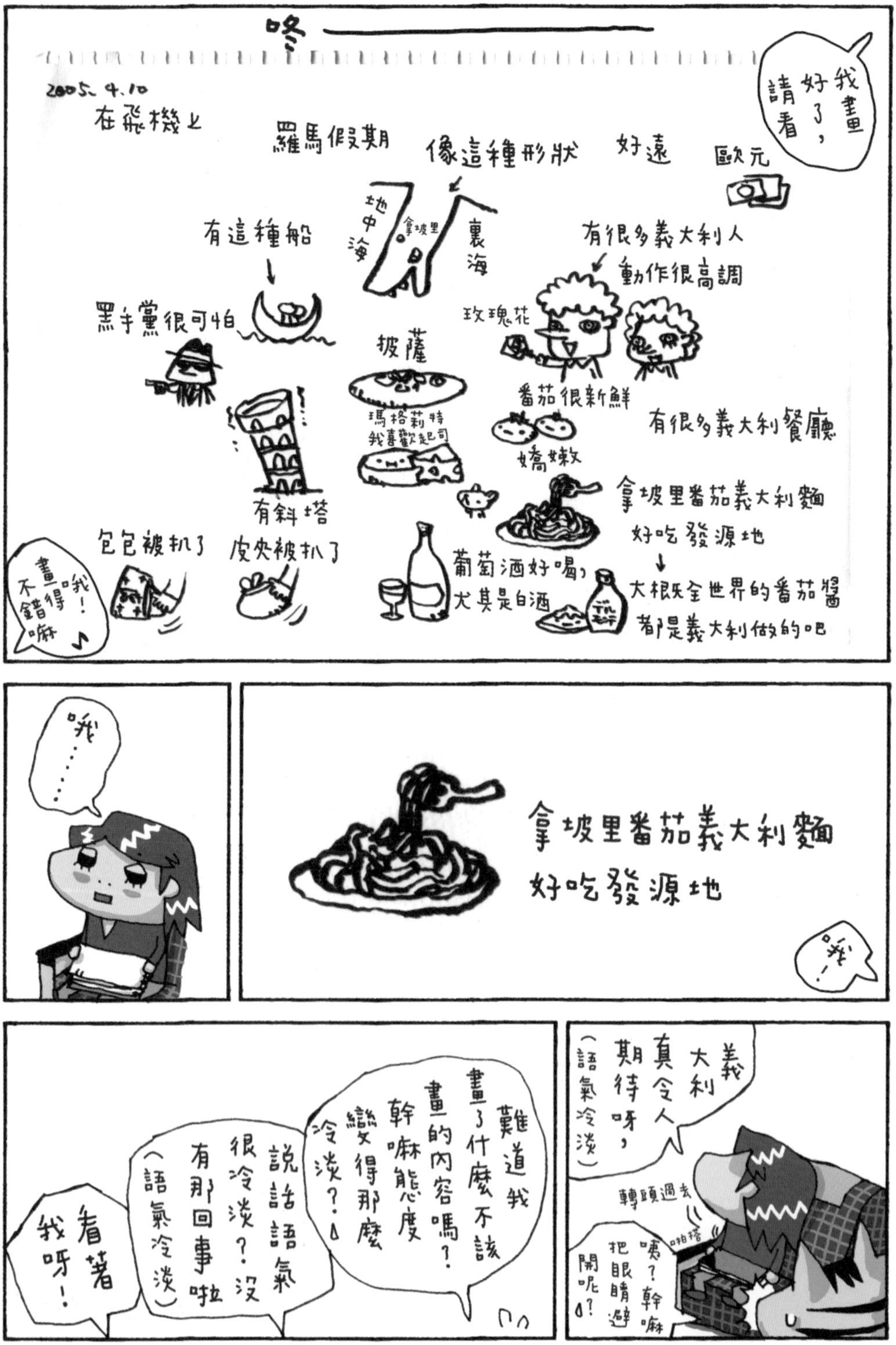
咚——
2005.4.10
在飛機上
羅馬假期
像這種形狀
好遠
歐元
我畫好了，請看
地中海
拿坡里
裏海
有這種船
有很多義大利人動作很高調
黑手黨很可怕
玫瑰花
披薩
瑪格莉特
我喜歡起司
番茄很新鮮
嬌嫩
有很多義大利餐廳
有斜塔
拿坡里番茄義大利麵好吃發源地
包包被扒了
皮夾被扒了
葡萄酒好喝，尤其是白酒
大概全世界的番茄醬都是義大利做的吧
我畫得不錯嘛♪
哦……
拿坡里番茄義大利麵
好吃發源地
哦！
義大利真令人期待呀，
（語氣冷淡）
轉頭過去
啪搭
咦？幹嘛把眼睛避開呢？
難道我畫了什麼不該畫的內容嗎？幹嘛態度變得那麼冷淡？
說話語氣很冷淡？沒有那回事啦
（語氣冷淡）
看著我呀！

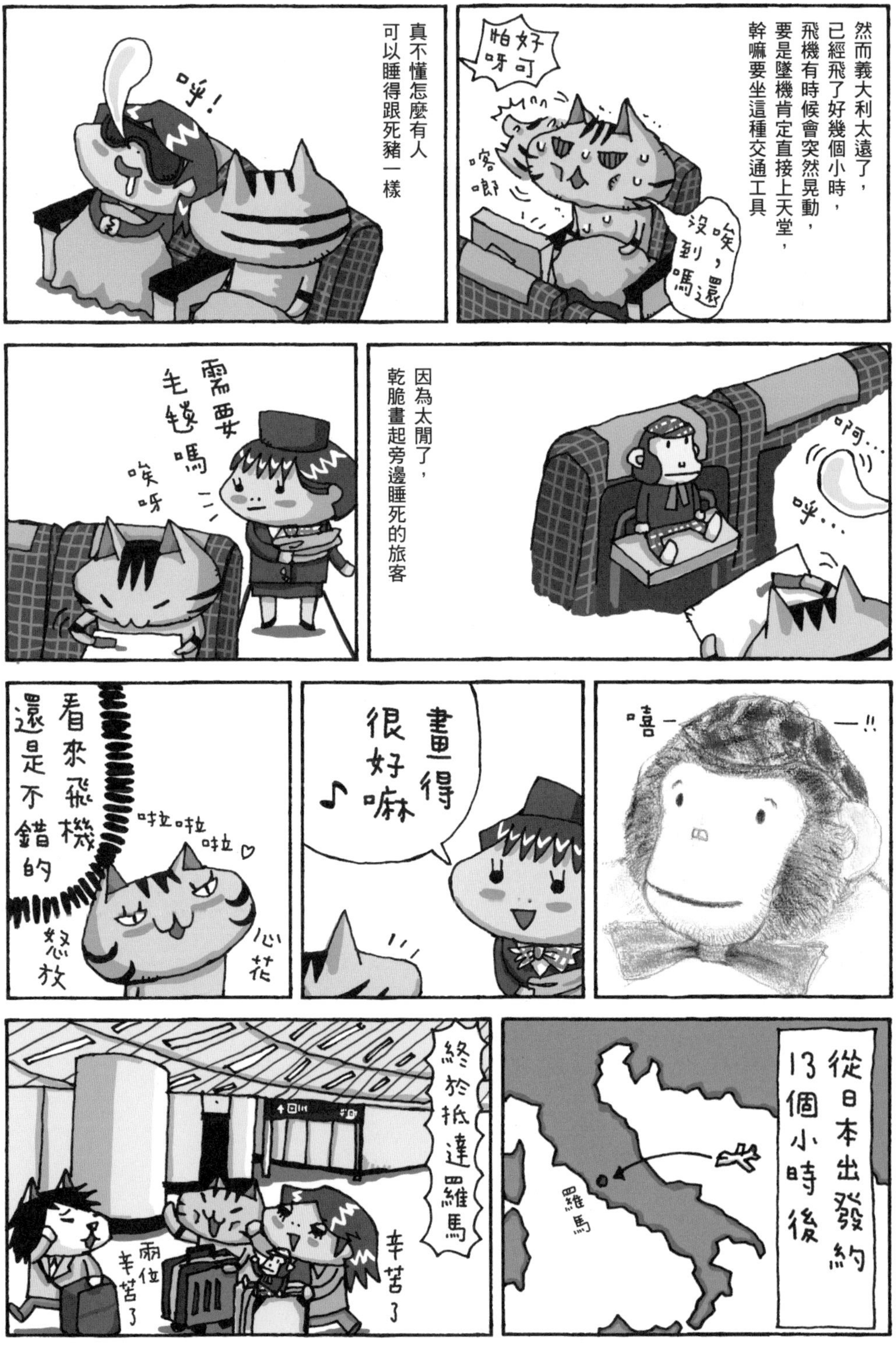
然而義大利太遠了，已經飛了好幾個小時，飛機有時候會突然晃動，要是墜機肯定直接上天堂，幹嘛要坐這種交通工具
好可怕呀
喀啷
唉，還沒到嗎
真不懂怎麼有人可以睡得跟死豬一樣
呼！
因為太閒了，乾脆畫起旁邊睡死的旅客
呵…
呼…
需要毛毯嗎
唉呀
嘻——!!
畫得很好嘛♪
看來飛機還是不錯的
啦啦啦♡
心花怒放
從日本出發約13個小時後
羅馬
終於抵達羅馬
辛苦了
兩位辛苦了

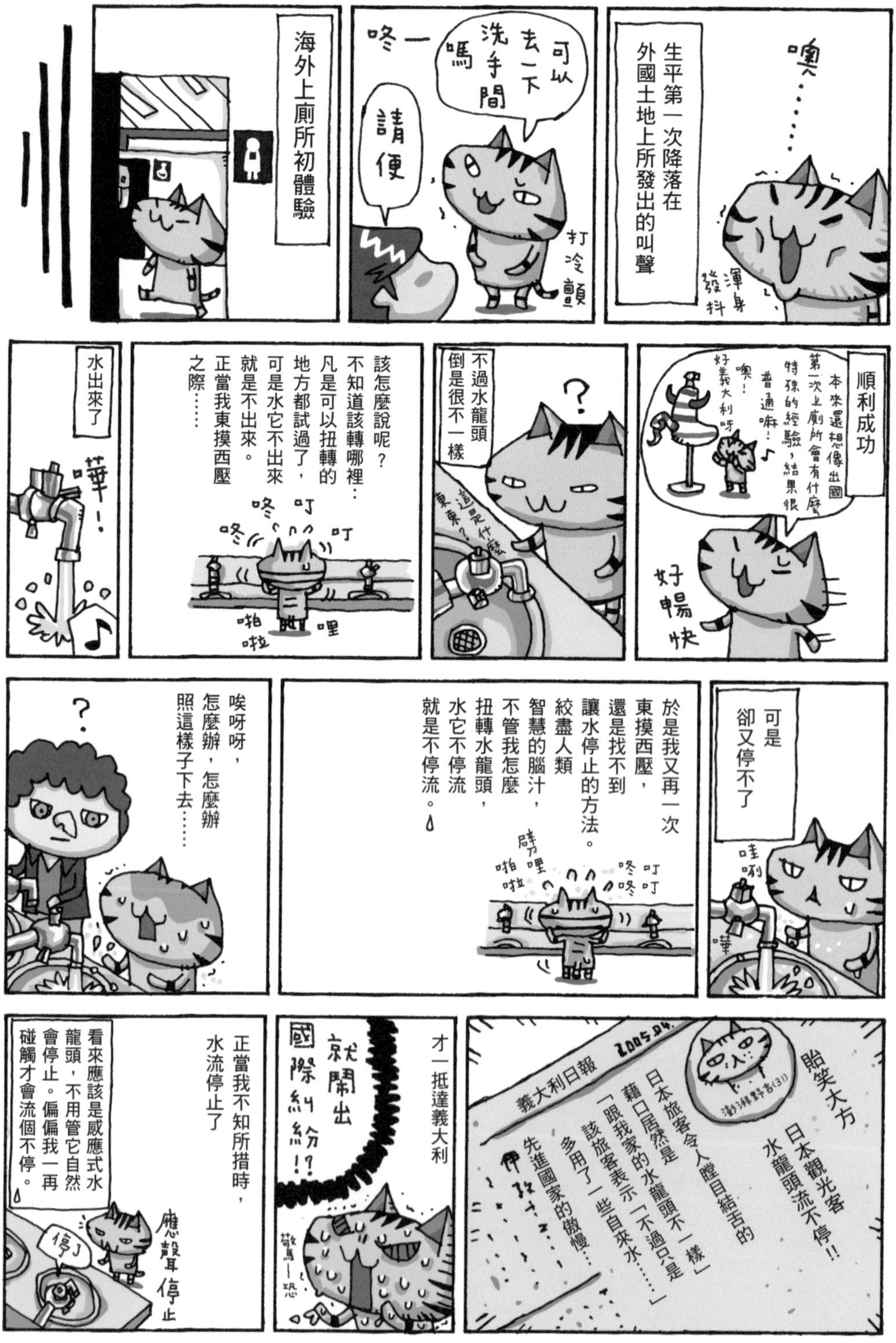
噢……
渾身發抖
生平第一次降落在外國土地上所發出的叫聲
可以去一下洗手間嗎
咚—
請便
打冷顫
海外上廁所初體驗
順利成功
本來還想像出國第一次上廁所會有什麼特殊的經驗，結果很普通嘛！
噢！好義大利呀
好暢快
不過水龍頭倒是很不一樣
？
這是什麼東東？
該怎麼說呢？不知道該轉哪裡：凡是可以扭轉的地方都試過了，可是水它不出來就是不出來。正當我東摸西壓之際……
叮咚 叮咚
啪啦 哩
水出來了
嘩！
可是卻又停不了
哇咧
嘩
於是我又再一次東摸西壓，還是找不到讓水停止的方法。絞盡人類智慧的腦汁，不管我怎麼扭轉水龍頭，水它不停流就是不停流。
叮咚 叮咚
劈哩啪啦
唉呀呀，怎麼辦，怎麼辦照這樣子下去……
？
義大利日報
2005.04.
貽笑大方
日本觀光客水龍頭流不停!!
日本旅客令人瞠目結舌的藉口居然是「跟我家的水龍頭不一樣」
該旅客表示「不過只是多用了一些自來水……」
先進國家的傲慢……
才一抵達義大利
就鬧出國際糾紛!?
驚—恐
正當我不知所措時，水流停止了
看來應該是感應式水龍頭，不用管它自然會停止。偏偏我一再碰觸才會流個不停。
應聲停止
停了

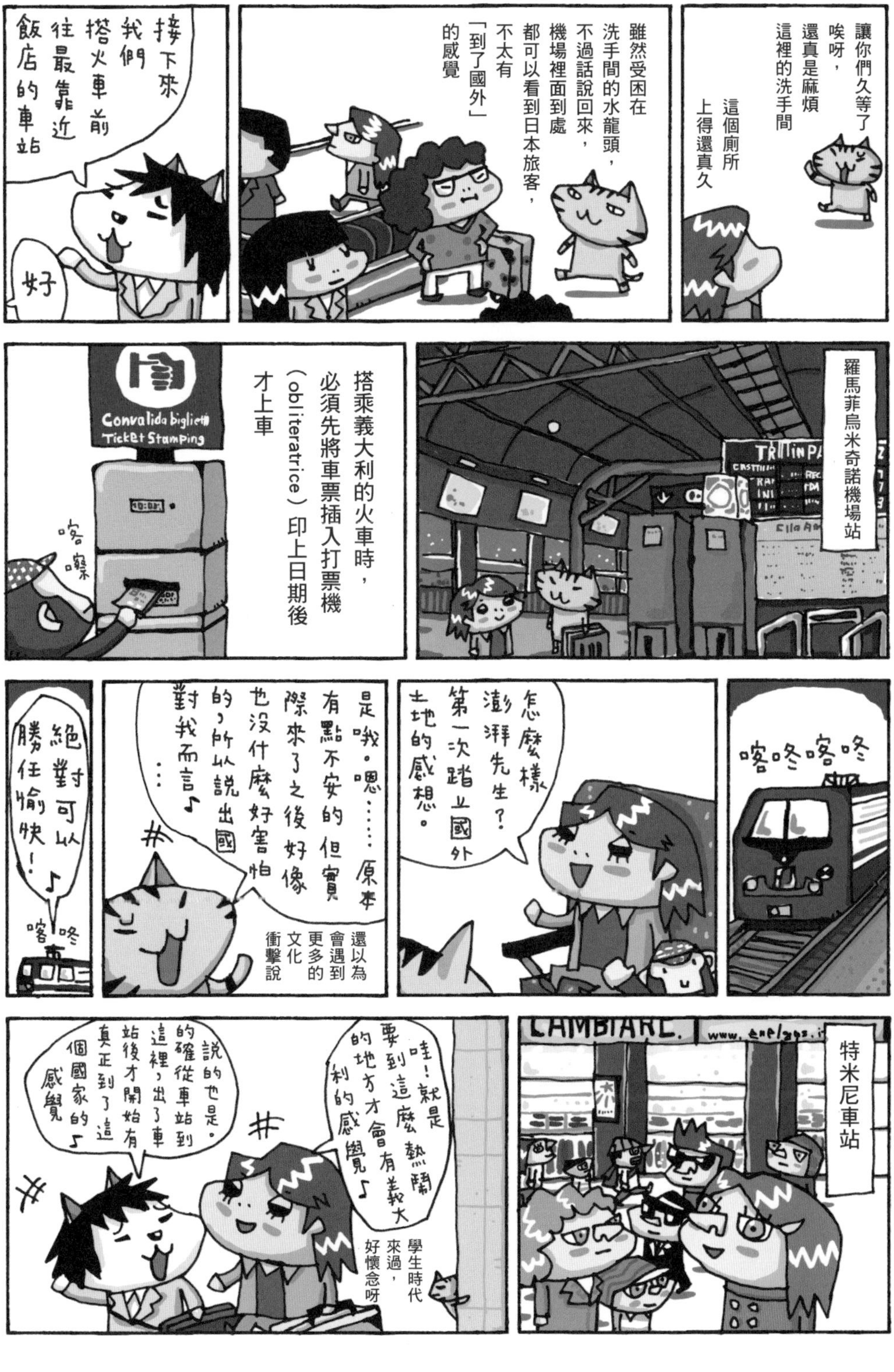
讓你們久等了
唉呀，還真是麻煩這裡的洗手間
這個廁所上得還真久
雖然受困在洗手間的水龍頭，不過話說回來，機場裡面到處都可以看到日本旅客，不太有「到了國外」的感覺
接下來我們搭火車前往最靠近飯店的車站
好
羅馬菲烏米奇諾機場站
搭乘義大利的火車時，必須先將車票插入打票機（obliteratrice）印上日期後才上車
Convalida bigliett
Ticket Stamping
喀嚓
喀咚喀咚
怎麼樣澎湃先生？第一次踏上國外土地的感想。
是哦。嗯……原本有點不安的但實際來了之後好像也沒什麼好害怕的，所以說出國對我而言…♪
還以為會遇到更多的文化衝擊說
絕對可以勝任愉快！♪
喀咚
特米尼車站
CAMBIARE.
哇！就是要到這麼熱鬧的地方才會有義大利的感覺♪
學生時代來過，好懷念呀
說的也是。的確從車站到這裡，出了車站後才開始有真正到了這個國家的感覺♪

人來人往
…
天…天啊…好可怕
緊張
緊張
嗡!
仔細一看發現都是外國人的狀況,心情頓時陷入恐慌
不…不同的世界!
因為下雨了,請井關老弟幫忙買傘。好厲害呀,井關老弟的義大利文說得好流利
?
搭計程車前往飯店
3570
轟……
Check in
Bonjourno(你好)
你…你好…
Bonjourno
一個好像是行李員的人幫我拿手提行李
大家各自進了自己的房間
那就明天見囉♪
只剩我和那個義大利人
日本人嗎?
嗯…嗯…
到了房間,本來還在擔心萬一裡面裝潢得跟義大利國旗一樣繽紛該怎麼辦
還好很普通
義大利人幫我提行李進來後,兩人之間出現一陣莫名其妙的安靜空檔,
我心想這是怎麼一回事?
咚!
他在等我給小費!!
啊!
莫非是傳說中的那個?
簡單說明!!
在歐美受到對方服務時,給予小費是一種禮貌。也就是透過歐元表達感謝的心意
給你!
因為不知道該給多少,就試著給了一歐元,結果對方好像很滿意,太好了。
Grazie(謝謝)
第一次出國的種種感動就介紹到此,畢竟今天也累了,我要躺平休息,明天再正式開始義大利觀光之旅

雖然有些突兀，但因為以後也不會再登場，在此先行發表

以下介紹早知道就不要帶來!! 因為一點也派不上用場的旅行用品💧

還以為會很方便好用說！

可惡

★ 速成濕紙巾

硬梆梆的紙巾加水就會膨脹成柔軟的濕紙巾

理由：在國外的生活中，沒有用到濕紙巾的必要

★ 水壺（空的）

鋁製的，很堅固

理由：只因為忘了裝可爾必思，就變得毫無用處的行李。尤其是今後也沒有使用機會，更顯得在行李箱裡很佔空間。

★ 壓縮袋（S.M.L各帶了三套）

一大堆

理由：用不著那麼多，也沒什麼需要壓縮的東西。
反倒是很想把這些壓縮袋壓縮成一小包

★ 乾燥飯糰、管狀味噌湯包、芝麻香鬆

理由：食用時須加熱開水，偏偏不會說義大利文的「請給我開水」，所以不敢跟飯店要求。當然也想過用英文說「Hot water please」，可是怕被熱水給燙到就算了。反正我也沒想吃到甘願冒那種險！

順帶一提

☆ 的確是不需要帶來的東西

攜帶式臉盆

撲通

理由：因為飯店的洗臉台比家裡的還要豪華

井上先生的旅行相簿

澎湃先生難道對電車也很好奇嗎？
這裡還是日本耶……原來是要當作資料用的。

好期待去義大利喲。對了，我旁邊的這一位是「水豚先生」。

出發前三小時，似乎來太早了。

離開日本前，不知道為什麼要吃中華料理，感覺有些失望。

換錢？到底該換多少錢呢？
有點傷腦筋耶～

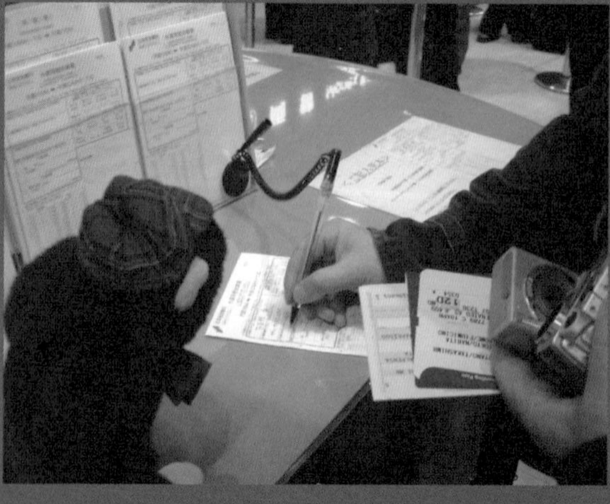

雖然澎湃野吉的插畫很棒，但是提到旅行當然還是希望看到照片吧？這裡就由我井上整理一些照片介紹旅行中的種種。

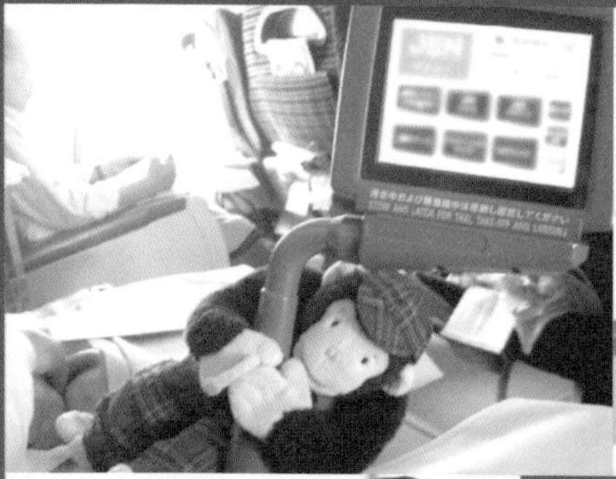

上飛機後
到電影開始播放
之前都很閒。

看電影一不小心就會忘了睡覺
一直看下去。

抵達義大利。
噢！立刻發現自己的行李箱。

所以行李箱的顏色還是要醒目才行！
比較容易看到。

麻煩請給我
到特米尼車站的票。

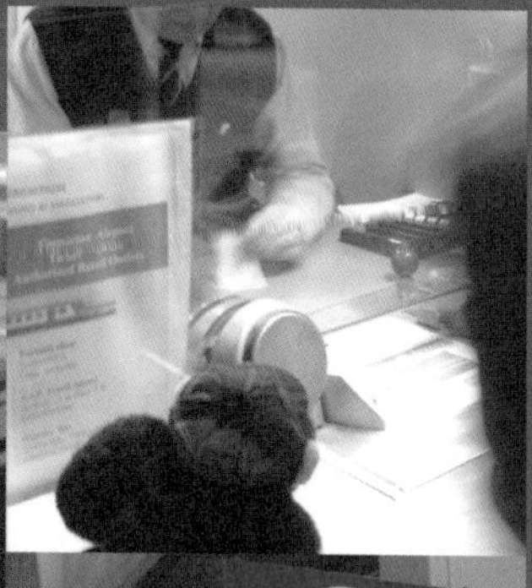

一進站就是月台，沒有剪票口。

買好車票
上車前將車票插入月台上
的黃色鐵盒裡。看來這東
西取代了剪票口的功能。

車來了～

一到達羅馬，居然開始下起了雨
果然澎湃野吉是個帶衰的雨男。

在寫些什麼啊？機場的廁所嗎？

嗯…哎喲…嗯
還沒到嗎？

Check in please ！講英語也會通耶。

好累好累，終於到了。

噢，從房間眺望的街景還不賴。
雨水打濕的石板路很漂亮喔。

2DUE

第二天
漫步充滿歷史的
羅馬街頭

4月11日
早晨醒來…
啊
走到陽台前
咖啦
眼前就是國外
咚—
Buono(好吃)
在國外迎接的第一個早晨，整個人陷入混亂之中
嗄!!咦?
這裡不是川崎嗎?
也就是說我人不在日本囉?
咦?啊?有人在看著我!!
驚慌失措
咚—
咚
是凱撒!?
早…早安
那個長得跟沖繩的風獅爺很像的東西是?該不會是鴟首吧?
啊，對了，我已經來到義大利了……
咚—
雖然不知道是什麼，對面飯店的屋頂有著一整排的英雄(?)的雕像，是要避邪用的嗎?
感覺相當震撼，難不成羅馬到處都是這樣子嗎?

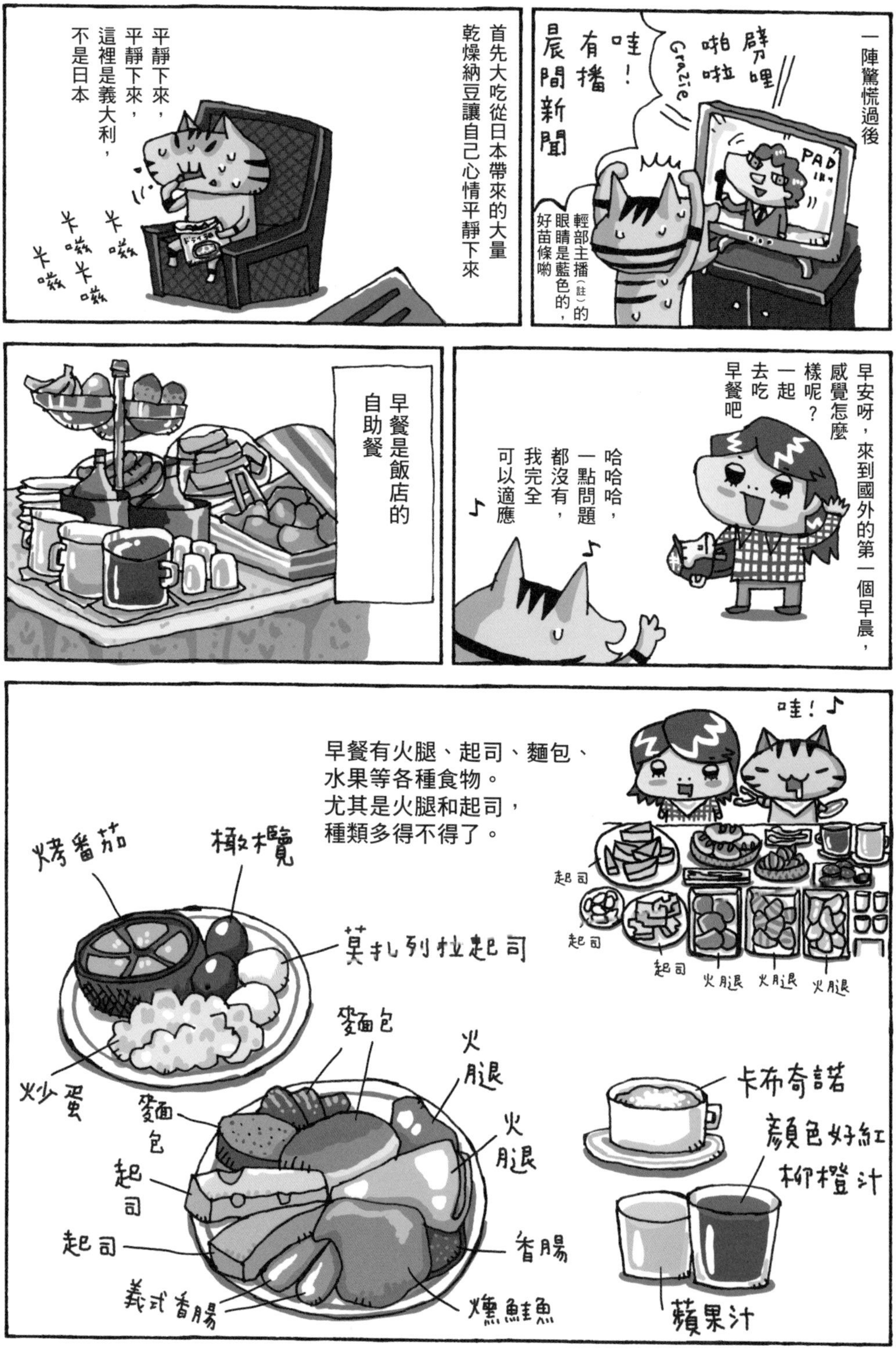

註：富士電視台晨間新聞資深主播
一陣驚慌過後
劈哩啪啦
Grazie
哇！有播晨間新聞
輕部主播(註)的眼睛是藍色的，好苗條喲
PAD
首先大吃從日本帶來的大量乾燥納豆讓自己心情平靜下來
平靜下來，平靜下來，這裡是義大利，不是日本
早安呀，來到國外的第一個早晨，感覺怎麼樣呢？一起去吃早餐吧
哈哈哈，一點問題都沒有，我完全可以適應
早餐是飯店的自助餐
哇！♪
早餐有火腿、起司、麵包、水果等各種食物。尤其是火腿和起司，種類多得不得了。
起司
起司
起司
火腿
火腿
火腿
烤番茄
橄欖
莫扎列拉起司
炒蛋
麵包
火腿
麵包
火腿
起司
起司
香腸
義式香腸
燻鮭魚
卡布奇諾
顏色好紅柳橙汁
蘋果汁

沒有筷子嗎
沒有
既然到了義大利，那就入境隨俗用刀叉吧！
哼！好吧我要開動了。
首度挑戰地道的義大利美食
先從火腿開始
咚
好好吃喲!!
這個火腿怎麼那麼好吃
鮮嫩多汁
顏色不會太紅了嗎？柳橙汁也好喝…
咕嚕咕嚕
太棒了，再來一杯
哇
虎嚥
好吃
狼吞
好吃
好吃
聽說義大利料理很好吃，果真名不虛傳很好吃！
雖然還是抱有些許的不安，但至少義大利料理我還應付得來吧
打嗝
哎呀，吃太多了，好飽好撐呀
用完餐後，終於要出發逛羅馬了

西班牙廣場

是坐在這裡吃冰淇淋吧？
沒錯，還有…

西班牙廣場是羅馬最具代表性的觀光景點之一。眾所周知，這裡也是知名電影「羅馬假期」的舞台，看過電影的人到此會分外興奮。

噗嚕嚕

哼

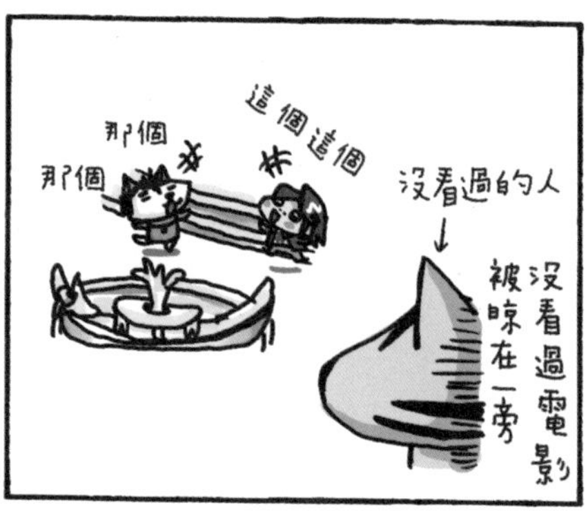
這個這個
那個那個
沒看過的人
沒看過電影被晾在一旁

走在西班牙廣場上，自然會有很多義大利人笑著前來搭訕。其實早有聽聞，果然生性活潑的義大利人是這麼友善的民族。♪
哈囉，日本人嗎♪
YES
而且作為相遇的紀念居然立刻就幫我們纏上幸運繩
動作迅速
咻咻
看！
Thank you
一個人10歐元
10歐
※10歐＝日幣1400左右
※2005年當時的匯率
蝦密!!
轟
嗄？美國人給的錢還更多哩
No! No!
哇啊
國外好可怕呀！
羅馬的建築很漂亮
這裡很漂亮
這種凸出來的窗戶很漂亮
這裡很漂亮
這裡很漂亮
決定走比較安全的羅馬觀光客路線
東張西望
哇！很有國外的感覺

人民廣場

方尖碑原來是立在古埃及
神殿前的高聳石碑，
大概是因為羅馬皇帝等等
當時的權力者喜歡它的
造型設計吧，於是交代底下說
「好！把這個給帶回去」
（我隨便翻的啦），
因此從埃及給帶
到了世界各地。
據說羅馬就有13根。

廣場周遭到處都有雕像。
令人驚訝的是義大利的城鎮
裡面隨處都可以看見雕像和
遺跡。而且可喜的是，
參觀也都不用收費。

正當我這麼以為
時，仔細一看
原來不是狗
而是獅子

方尖碑下面有四隻狗，
嘴巴會源源不斷流出水
來。真是奇怪噴水池!!

順帶一提的是，這些獅子可
不是喝太多酒正在嘔吐，
據說是鎮守在此守護這個廣場。
問題是這幾隻醉獅有辦法
守住這麼重要的廣場嗎!!（不會吧）

雙胞胎教會

人民廣場上有兩個造型
很像的教會並列在一起。
不過仔細比對外形還是
有些差異的。

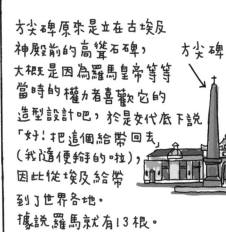

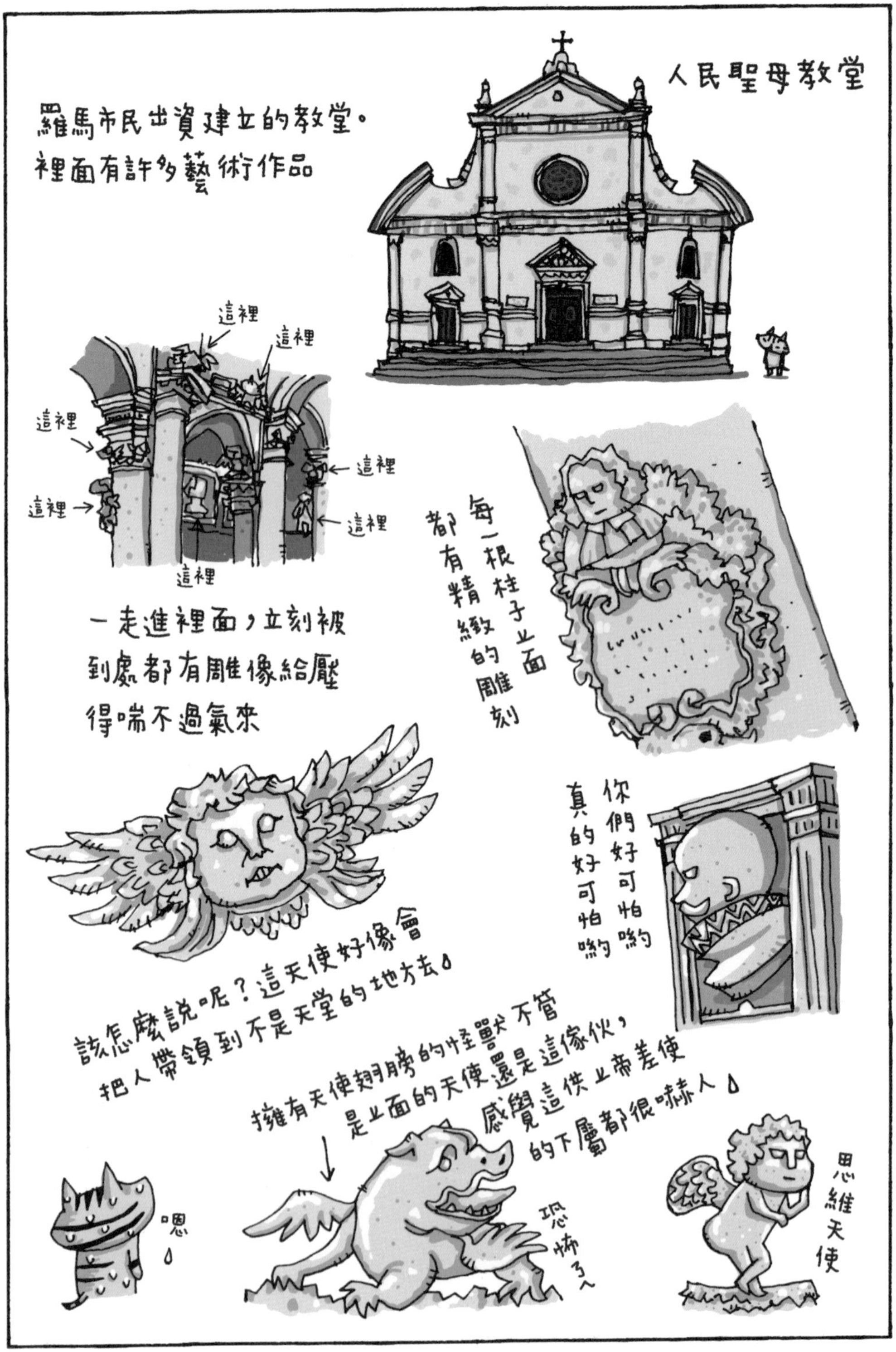
人民聖母教堂
羅馬市民出資建立的教堂。
裡面有許多藝術作品
這裡
這裡
這裡
這裡
這裡
這裡
這裡
一走進裡面，立刻被
到處都有雕像給壓
得喘不過氣來
每一根柱子上面
都有精緻的雕刻
你們好可怕喲
真的好可怕喲
該怎麼說呢？這天使好像會
把人帶領到不是天堂的地方去。
擁有天使翅膀的怪獸不管
是上面的天使還是這傢伙，
感覺這佚上帝差使
的下屬都很嚇人。
嗯。
恐怖了乀
思維天使

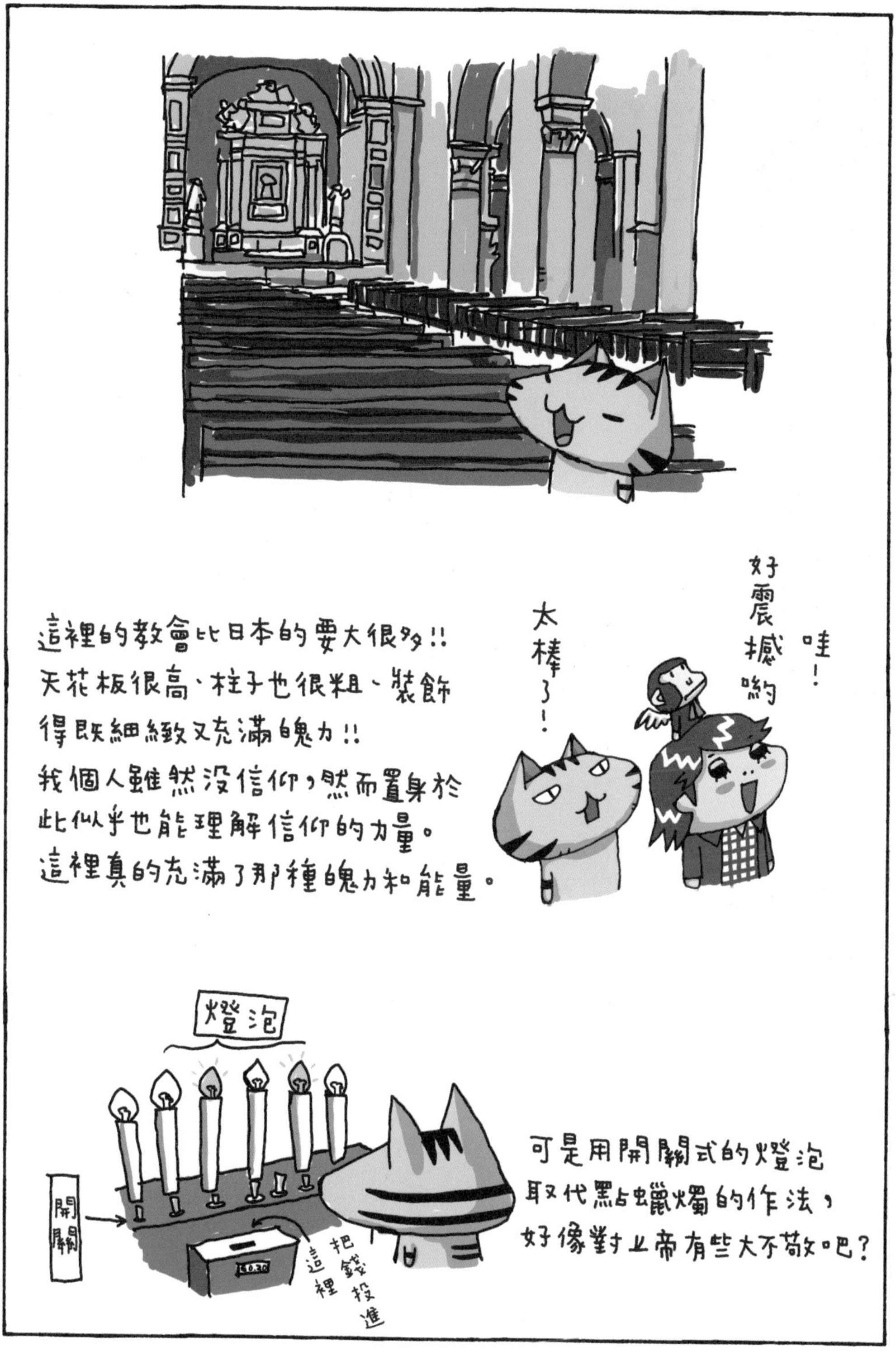
這裡的教會比日本的要大很多!!
天花板很高、柱子也很粗、裝飾
得既細緻又充滿魄力!!
我個人雖然沒信仰，然而置身於
此似乎也能理解信仰的力量。
這裡真的充滿了那種魄力和能量。
太棒了！
好震撼喲
哇！
燈泡
開關
把錢投進這裡
可是用開關式的燈泡
取代點蠟燭的作法，
好像對上帝有些大不敬吧？

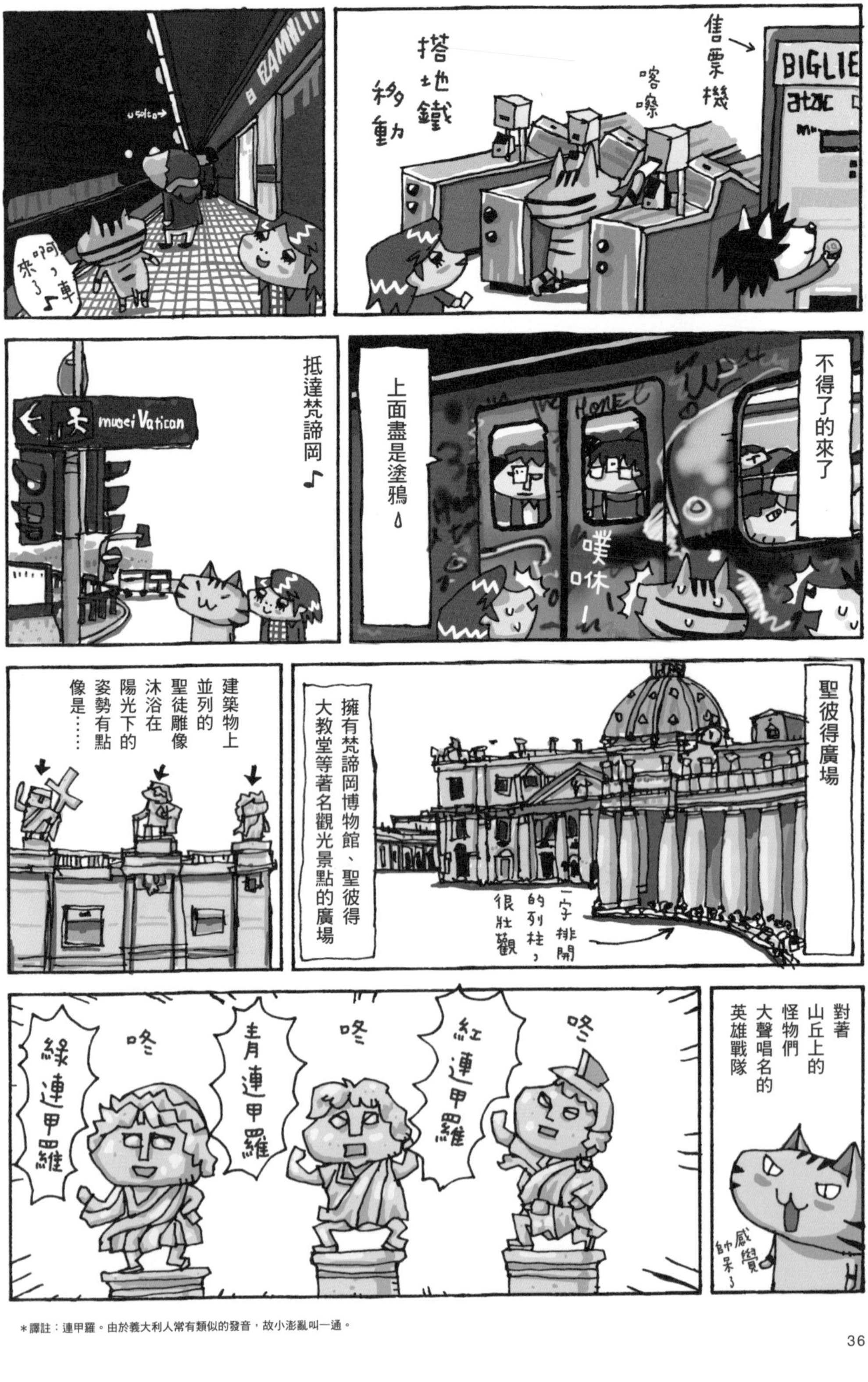

啊，車來了♪
搭地鐵移動
售票機
喀嚓
BIGLIE
musei Vatican
抵達梵諦岡♪
不得了的來了
上面盡是塗鴉
噗咻！
聖彼得廣場
擁有梵諦岡博物館、聖彼得大教堂等著名觀光景點的廣場
一字排開的列柱，很壯觀
建築物上並列的聖徒雕像沐浴在陽光下的姿勢有點像是……
對著山丘上的怪物們大聲唱名的英雄戰隊
咚
紅連甲羅
咚
青連甲羅
咚
綠連甲羅
感覺帥呆了

＊譯註：連甲羅。由於義大利人常有類似的發音，故小澎亂叫一通。

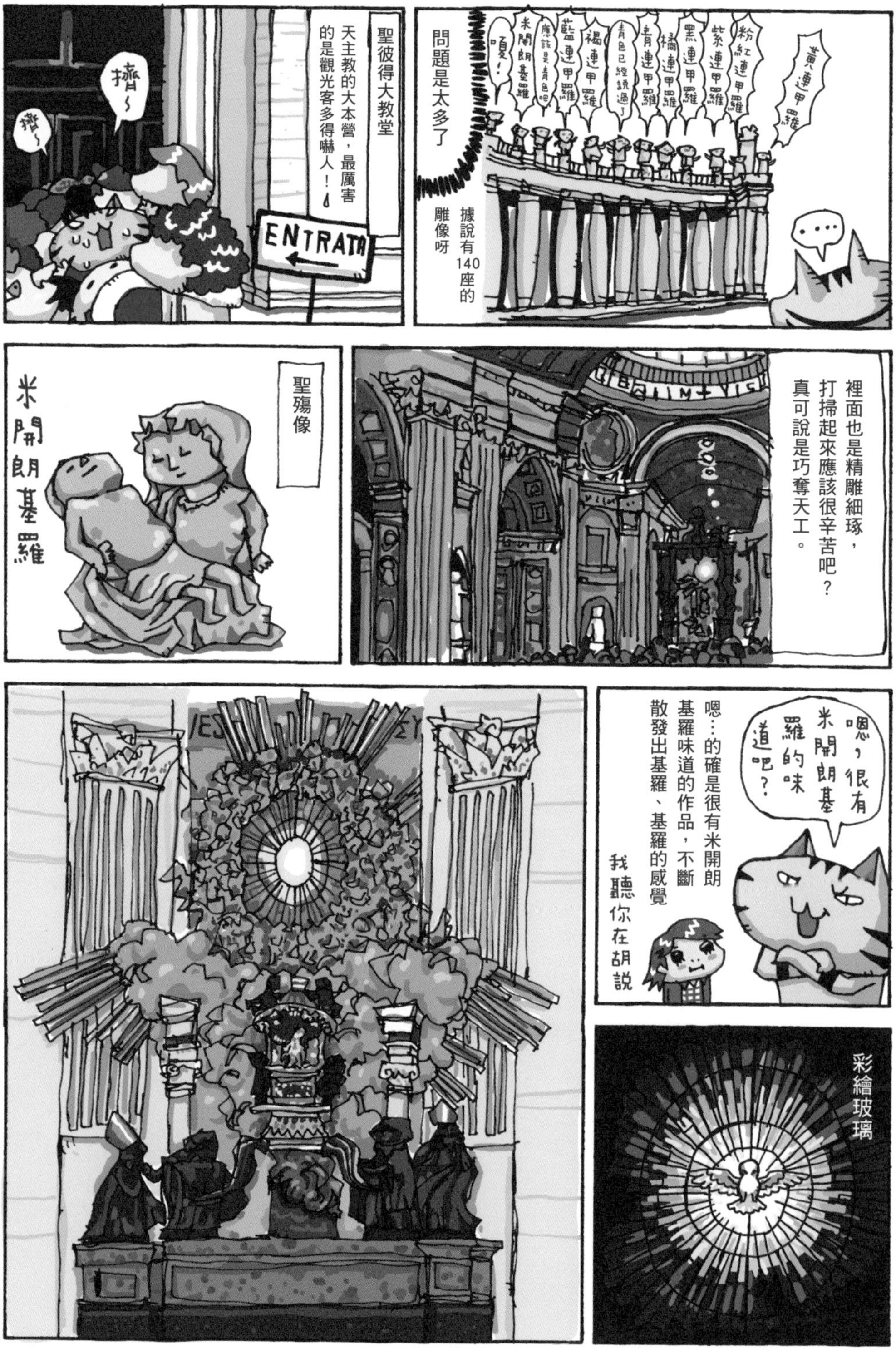
黃連甲羅
粉紅連甲羅
紫連甲羅
黑連甲羅
橘連甲羅
青連甲羅
青色已經說過了
褐連甲羅
藍連甲羅
應該是青色吧
米開朗基羅
嗄！
問題是太多了
據說有140座的雕像呀
……
聖彼得大教堂
天主教的大本營，最厲害的是觀光客多得嚇人！
擠~
擠~
ENTRATA
裡面也是精雕細琢，打掃起來應該很辛苦吧？真可說是巧奪天工。
聖殤像
米開朗基羅
嗯，很有米開朗基羅的味道吧？
嗯…的確是很有米開朗基羅味道的作品，不斷散發出基羅、基羅的感覺
我聽你在胡說
彩繪玻璃

因為時間已近中午，觀光途中決定進餐廳吃飯
FORNO A LEGNA
一般說來，義大利餐廳的礦泉水分為有加入碳酸的氣泡水和無氣泡的兩種。
一般的水
(無氣泡)
汽水
沒有加糖，只有不斷地冒出氣泡
有伏特加風味的義大利麵，或應該說是直接加了伏特加？總之酒味很重，是一種吃完會醉的義大利麵
奶油培根麵
肉醬麵
不過麵的份量很多，讓我嚇一跳，而且聽井關老弟說義大利人除了麵食外，一般還會加點前菜、肉類主餐和甜點…這樣不會吃太多嗎？
不過很好吃
吸哩呼嚕
吸哩呼嚕
吃得盤底朝天
還點了麵包和涼拌海鮮來吃
在義大利，午餐和晚餐過後肯定會來杯濃縮咖啡
餐後當然要喝義式濃縮咖啡♪
沒錯，可以讓口腔變得清爽♪
聽說在義大利，卡布奇諾是早餐時喝的飲品，午餐和晚餐後不會點來喝
是嗎
打嗝
甜膩
卡布奇諾

飯後繼續上路
打嗝
路邊出現一個全身包成金色的圖坦卡門!!
動也不動
安靜無聲
還以為對方毫無反應
招手
搖頭
沙…
沙…
當有觀光客投錢到對方腳邊的盒子時……
匡啷
居然鞠起躬來道謝
彎腰
動了!!
也願意跟觀光客照相
一旦有人投錢，跟觀光客勾肩搭背，態度就會變得很親切
哈哈哈
原來是街頭藝人呀，在旁邊看覺得很好玩
然後又一動也不動
定住
問題是在義大利為什麼會出現埃及法老王圖坦卡門呢???
無言—

聖天使城堡
城堡上有天使長
米迦勒的雕像
城堡周圍排列了
許多天使雕像，
可說是天使圍繞的
城堡
城堡正前方的聖天使橋上，
有許多攤開包巾
做生意的小販，
顯得很熱鬧。
我來瞧瞧
賣的都是名牌包
HERMES
VITTOM
顯然都是仿冒的山寨包!!
HERMESO
GUCCHO
VITTOM
東看看 西看看
可是仔細一看，
買的人倒也不少。
與其說他們
信以為是正品，
應該說是明知道是
山寨包而買的吧。
我是不是也該買些送給朋友呢？
正在觀望時……
突然間
所有攤販
都開始
收拾東西
啪啪啪
沙
沙
嗯？怎麼了

接著就一古腦地……
逃跑了!!
達達達達達
哇!
哇!
哇!
怎麼了?
還以為發生什麼事?
一看橋頭……
原來如此
有沒有不乖的小孩呀
有沒有誰在賣愛馬素、古巧包的呀?
無言
可是小販們都沒離開
走了嗎?
怎麼樣?
還在嗎?
走了嗎?
等警察走後……
看來那些不乖的小孩都回去了，本官也要回去了
他們立刻又出現了
哇
好耶，再出來吧!
生意重新開張
攤開包巾就能重新做生意，還真是方便
來看呀看
來買啊
啪沙
啪沙
可是
滴滴
答答
嗯…
開始下起雨了
沙…
沙…
沙
好壯啊!
全都走了
沙…
哇…
哇…
啪嗒啪嗒…
哇
噠
咦?
雨停了

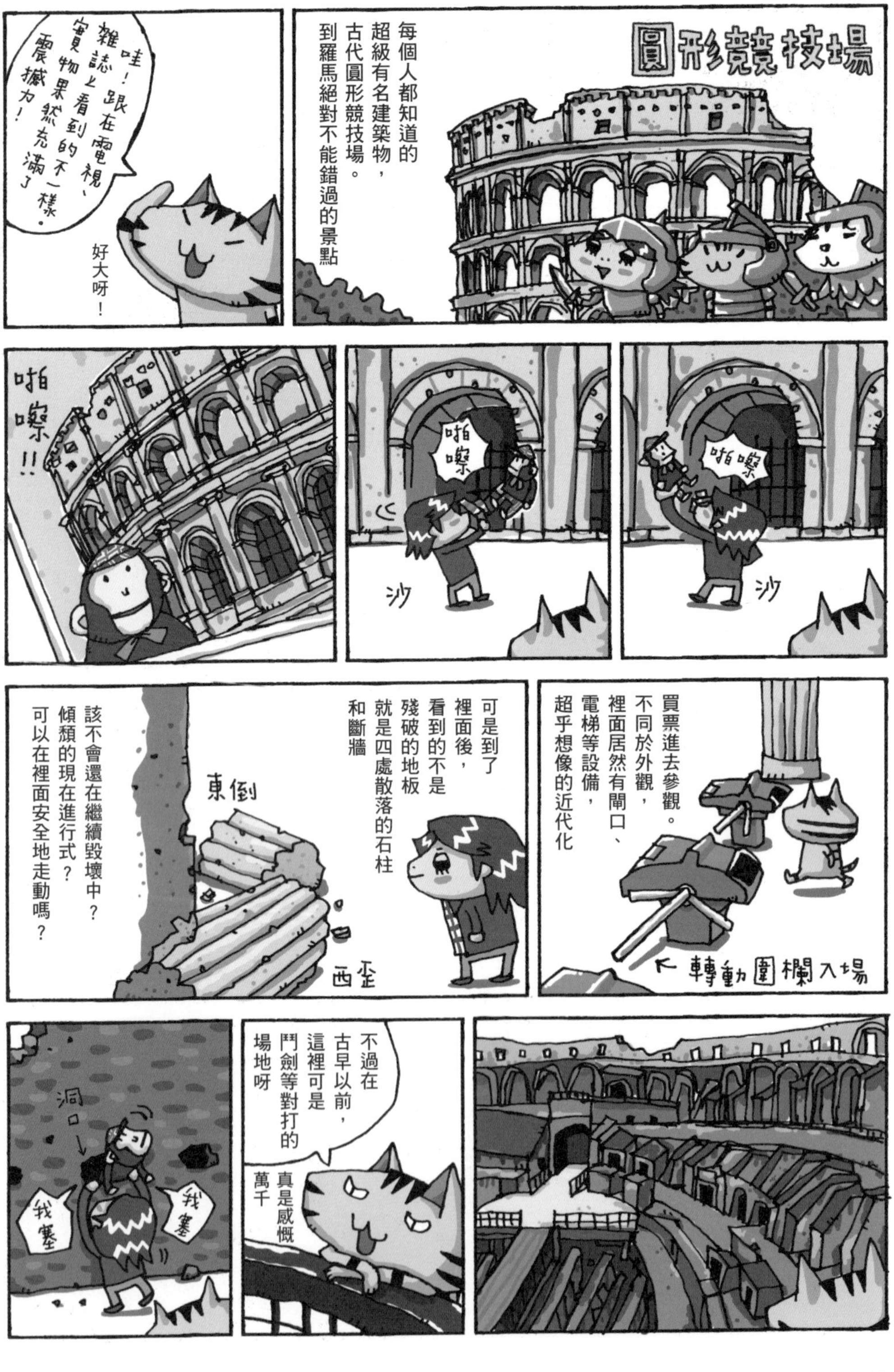
圓形競技場
每個人都知道的超級有名建築物，古代圓形競技場。到羅馬絕對不能錯過的景點
哇！跟在電視、雜誌上看到的不一樣。實物果然充滿了震撼力！
好大呀！
啪嚓
啪嚓
沙
沙
啪嚓!!
買票進去參觀。不同於外觀，裡面居然有閘口、電梯等設備，超乎想像的近代化
轉動圍欄入場
可是到了裡面後，看到的不是殘破的地板就是四處散落的石柱和斷牆
東倒
西歪
該不會還在繼續毀壞中？傾頹的現在進行式？可以在裡面安全地走動嗎？
不過在古早以前，這裡可是鬥劍等對打的場地呀
真是感慨萬千
洞口
我塞
我塞

竟然比圓形競技場還要引人注目
咚—
猴子耶…
牆上有猴子
嚇一跳
嚇一跳
啪嚓
旁若無人地行動
哇！
啪嚓
啪嚓
這是攤販的吉祥物嗎？
長得好嚇人
也有攤販
好可怕喲
圓形競技場的居民
這裡是我家，施捨一點吧
這裡只有石頭，應該無法住人，難道是跟觀光客要飯嗎？
看來不能從入口那邊出去才對
胸口被頂到了
肚子挨了一棒
快步閃人
哎喲
哎喲
哎喲
卡鏘，卡鏘，卡鏘
今天行程結束
參觀了好多地方，真快樂
回去準備吃晚餐囉♪
腳步輕盈
明天要去拿坡里

井上先生的旅行相簿

啊，這裡的窗口風景也不錯看。

嗯，睡得很飽。
感覺今天的天氣也是怪怪的。

早餐又是自助餐，
不知不覺就會吃太多。

啊，我要拍照，
請幫我拿一下傘。

在雙胞胎教會的一角
拍張紀念照。

梵諦岡平常遊客就很多，我們造訪的時候巧遇羅馬教皇剛駕崩不久，所以顯得更加擁擠。

搭地鐵移動，
剪票口是黃色的機器。

排隊準備進
大教堂的人們。
感覺顏色比
日本的排隊人潮
要繽紛許多。

抵達梵諦岡。

在廣場前拍紀念照。
右起澎湃野吉、
小弟我井上、SUZU 編輯。

餐後當然是喝濃縮咖啡。

這道伏特加義大利麵，
吃了會不會醉呀？

午餐。心想完全看不懂菜單時，
井關老弟已開始幫我們翻譯。

聖天使城堡。

義大利國旗
和類似圖坦
卡門的人。

慢點，這裡是哪裡……圖雷真廣場
如果事前沒有準備，
就會以為這裡是廢墟。

來到威尼斯廣場，
圓形競技場就不遠了。

右邊牆上掛著各時期羅馬
皇帝旗下領土的地圖。
左後方是圓形競技場。

圓形競技場
不用多說，
這裡是古代的鬥獸場。

古早以前，這裡有過
許多的戲劇性場面。

真是浪漫呀。

住在這裡的感覺如何？

水豚先生，我來幫你跟
競技場和凱旋門拍一張吧。

且讓我用身體來感受一下
圓形競技場吧。

3TRE

第三天
總之要小心扒手！
拿坡里 & 卡布里島

第三天早上
已經習慣在國外的睡眠作息
鈴…鈴…鈴…
鈴…鈴…鈴…
睡過頭了
啊
不…不好意思，我剛剛才起床
什麼？那早餐我自己先去吃囉？
好吧，妳先去吃
不好意思你們早呀
因為睡過頭，差點以為吃不到早餐了
啊，總算來了
啪噠
啪噠
是這樣子啦…澎湃先生，因為想說你早餐沒吃到很可憐…
我一盤又一盤的拿呀…吃呀…
今天只有我一個人…好撐呀…
津津有味
!
剛才我用麵包、火腿幫你做了三明治…
噢！真的嗎？
掏呀
掏呀
後來又自己給吃掉了！
青天霹靂
果然還是沒有早餐吃
嘶…嘶…
……
圖解
①
做好了
②
…
③
大口一咬
④

今天搭火車去拿坡里，
然後改搭渡輪去卡布里島
聽說義大利的火車有時會誤點，但也有提早發車的情形。因此時間抓得太緊恐怕不太安全。我可以理解誤點，但提早發車是想怎樣？
9
NAPOLI C.LE
8:27
座位很空♪
哇——♪
TRENITALIA
哇！可以看到海，
風景超讚的啦！

抵達拿坡里
首先到港口搭乘前往卡布里島高速渡輪
在車站詢問的結果
看來這裡有公車可以開往港口，但是只要一上公車就會被扒，所以車站的人勸我們還是用走的比較好。只是走在路上一樣也有可能被扒
已經問清楚路了那就用走的吧♪
這裡的扒手很有名吧
拿坡里的市容跟羅馬不一樣，充滿「南義活潑的庶民城市」風格，馬路上到處可見汽車和機車呼嘯而過，令人印象深刻
雜亂無章
我們悠閒地在街頭走了約 30 分鐘…
…咦！
似乎迷路了
不…不好意思，我去問一下當地人…
你們等一下
噠！
對不起我們要問路…
咚！—
嗄？
黑手黨！？
真的嗎…
出現了！

明明還有其他人，
為什麼要找上那傢伙???
偏偏就…
我知道了!! 看來我們完全走錯方向。不過沒關係，對方已經仔細告訴我了。接下來我們只需要小心扒手!!
沒想到那個很像黑手黨的人還滿親切的嘛
問題是這裡的扒手真有那麼多嗎！
我們重新踏上那個很像黑手黨的人親切說明的路上。其實迷路走在陌生城市裡，可以看到不同的風景也很好玩♪
哇啊~
但前提是如果體力夠的話
31歲
平常不太外出
討厭運動
真快樂……
哈……
哈
就這樣一路走呀走的，經過一小時後…
SERGIO
VOL
到了♪
也算是很好的運動啦
順利抵達了
一點也不順利
氣喘如牛
呼
呼
呼
呼
呼
呼
呼
呼
有些過意不去的井關老弟買冰淇淋請我們吃
歡迎光臨
每一種都好吃喲
要挑什麼口味呢♪
舔
舔
舔
開心果口味，甜中帶有濃濃的榛果香，很好吃
完全不為周遭所動的狗躺在一旁。

我已經又累又渴，幾乎沒有品嘗滋味的餘力
舔 舔 舔 舔 舔
不知開往卡布里島的渡輪是哪艘？我去問問附近的人
好呀！繼續舔舔…
咚！——
!!
#
怎麼滿街都是很像黑手黨的人呀!!
為什麼？為什麼呢，井關老弟。
哦…哦…
咚！
終於搭上高速渡輪，出發前往卡布里島♪
VOLAIR
有句話形容這段包含拿坡里海岸線的美景，說是「看過拿坡里，死不足惜」，果真美得令人印象深刻
簡直是天下美景——
咻——
就是說嘛——
咻——
不過從船上看到的拿坡里街頭也很漂亮，真不愧是人間美景呀。親眼看這樣的美景才知道圖畫和照片根本無法傳達真正的美麗。嗯…拿坡里之美是圖畫無法呈現的。唉，真是遺憾
這算是拒絕工作嗎？
這樣的美景根本是不可能畫得出來的
不可能不可能
事實上要畫遊記本來就是不可能的事……

一小時後，總算看見小島蹤影
對了，卡布里島有什麼著名的觀光景點嗎？
這時候才開口問，也太那個了
蝦密？Capico餅乾嗎？
你不知道嗎？
一說到卡布里島當然就不能不提起藍洞呀！♪
Blue！
藍洞
造訪卡布里島就一定得去的名勝。乘坐手搖船優遊在整片都是藍色海水的夢幻洞窟裡，真可說是超級浪漫的觀光景點
不過也有可能因為天候不佳而無法出船，所以必須上了小島後才能確認
是哦—
卡布里島
終於到了♪
要是真的花一個小時搭渡輪來這裡卻聽到今天天氣不好觀光活動暫停，豈不是很倒楣很可憐嗎
希望天氣跟今天一樣放晴
今天因為浪太大了，暫停出船!!
真是太遺憾了，歡迎下次再來
真倒楣！好遺憾喲
不會吧？
……那接下來要幹什麼？來這裡的主要目的不就是藍洞嗎？所以要打道回府了嗎？回飯店看電視？這樣來卡布里島不就毫無意義了嗎？
失望—
不是那樣子啦！卡布里島也是很有名的度假區，光是欣賞漂亮的建築和風景就能撫慰觀光客受創的心靈!!
你是在打廣告文宣嗎
於是我們搭纜車上山前往導遊所謂的度假區——

狹窄的巷弄像迷宮般，
穿梭其間充滿樂趣。
據說搬行李可就累人了。

卡布里島山丘上的風景。海水的藍、
島嶼的綠和建築物的白十分協調，構築
出美麗的風光，給人很度假聖地的感覺。

每一戶人家的房子都
很可愛。門牌是
手繪的磁磚，
充滿手工的趣味
和溫暖。

貓很多，
到處都看得見。
不太怕生，
但也不太親近人

當我看到牠們時，牠們
回瞪的眼光好像是在說
「有何貴幹」。

有很多奇怪的貓。

From：地址：

姓名：

廣 告 回 信
台北郵局登記證
台北廣字第01764號

平　信

To：大田出版有限公司　（編輯部）收

地址：台北市10445中山區中山北路二段26巷2號2樓

電話：（02）25621383　傳真：（02）25818761

E-mail：titan3@ms22.hinet.net

大田精美小禮物等著你！

只要在回函卡背面留下正確的姓名、E-mail和聯絡地址，
並寄回大田出版社，
你有機會得到大田精美的小禮物！
得獎名單每雙月10日，
將公布於大田出版「編輯病」部落格，
請密切注意！

大田編輯病部落格：http：//titan3.pixnet.net/blog/

智　慧　與　美　麗　的　許　諾　之　地

讀 者 回 函

你可能是各種年齡、各種職業、各種學校、各種收入的代表，
這些社會身分雖然不重要，但是，我們希望在下一本書中也能找到你。
名字／ ______________ 性別 ／□女 □男　出生／______年_____月_____日
教育程度／
職業：□ 學生□ 教師□ 內勤職員□ 家庭主婦 □ SOHO 族□ 企業主管
□ 服務業□ 製造業□ 醫藥護理□ 軍警□ 資訊業□ 銷售業務
□ 其他 ____
E-mail/_____________________________________ 電話／ ____________________
聯絡地址：
你如何發現這本書的？　　　　　　　　　書名：
□書店閒逛時________書店 □不小心在網路書站看到（哪一家網路書店？）________
□朋友的男朋友(女朋友)灑狗血推薦 □大田電子報或編輯病部落格 □大田 FB 粉絲專頁
□部落格版主推薦 ____
□其他各種可能 ，是編輯沒想到的 ______________________________________
你或許常常愛上新的咖啡廣告、新的偶像明星、新的衣服、新的香水……
但是，你怎麼愛上一本新書的？
□我覺得還滿便宜的啦！ □我被內容感動 □我對本書作者的作品有蒐集癖
□我最喜歡有贈品的書 □老實講「貴出版社」的整體包裝還滿合我意的 □以上皆非
□可能還有其他說法，請告訴我們你的說法

____
你一定有不同凡響的閱讀嗜好，請告訴我們：
□哲學 □心理學 □宗教 □自然生態 □流行趨勢 □醫療保健 □ 財經企管□ 史地□ 傳記
□ 文學□ 散文□ 原住民 □ 小說□ 親子叢書□ 休閒旅遊□ 其他 ____________________
你對於紙本書以及電子書一起出版時，你會先選擇購買
□ 紙本書□ 電子書□ 其他____
如果本書出版電子版，你會購買嗎？
□ 會□ 不會□ 其他____
你認為電子書有哪些品項讓你想要購買？
□ 純文學小說□ 輕小說□ 圖文書□ 旅遊資訊□ 心理勵志□ 語言學習□ 美容保養
□ 服裝搭配□ 攝影□ 寵物□ 其他 ______________________________________
請說出對本書的其他意見：

大田出版有限公司編輯部 感謝您！

卡布里島上的檸檬樹
結實纍纍
結實纍纍
結實纍纍
哇
商店也有賣現榨的檸檬汁
買來喝喝看
吸
好像很酸
另外這是卡布里島的特產檸檬甜酒（Limoncello）。比起酸度，我更擔心它的酒精濃度。
穿過巷道順著小徑上爬…
來到山上，眼前是一望無際的藍色大海!!
咚—
雖然無法去藍洞，但還是很高興能夠到此一遊。卡布里島是個很美麗的小島。♪

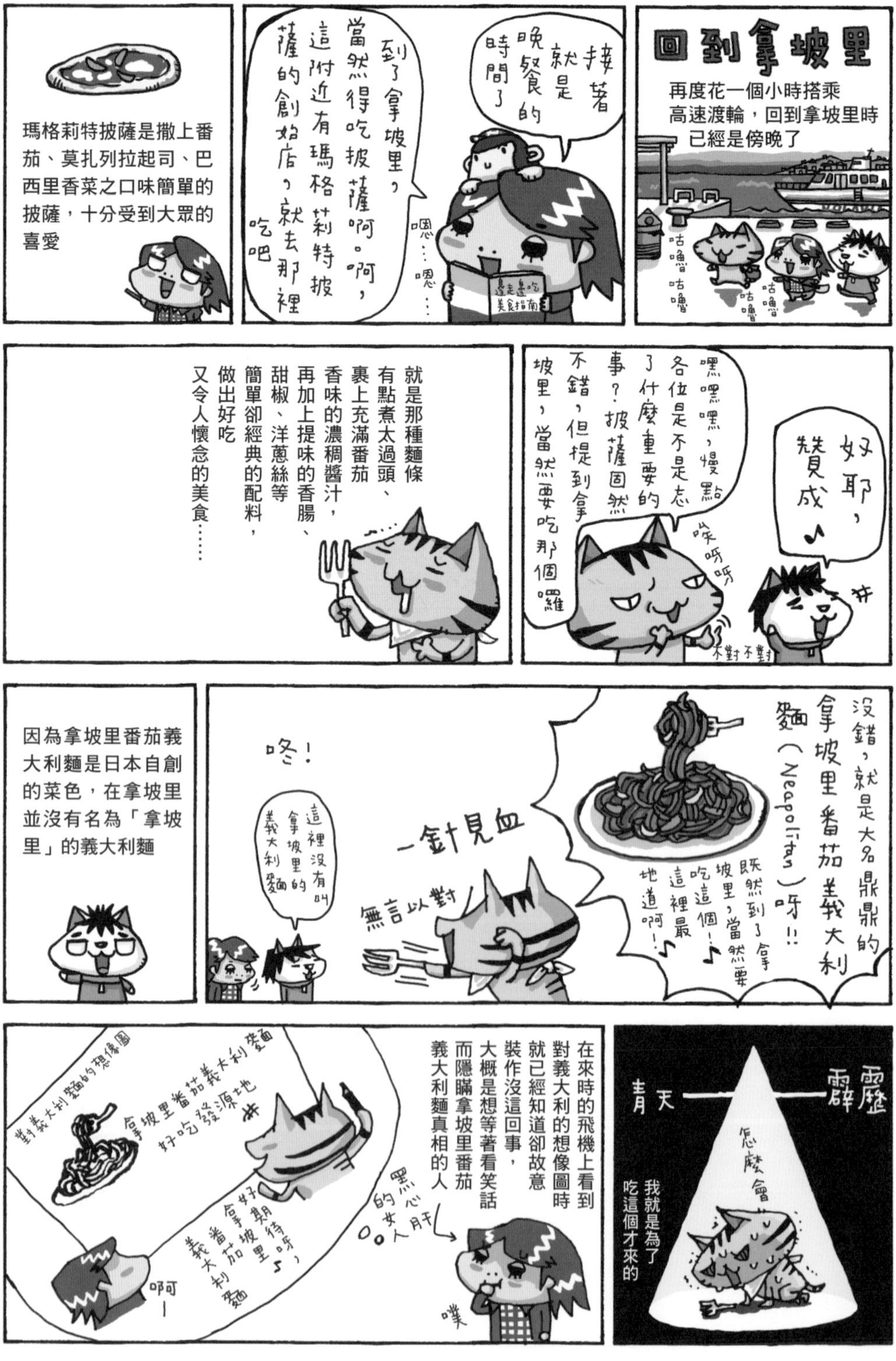
回到拿坡里
再度花一個小時搭乘高速渡輪，回到拿坡里時已經是傍晚了
咕嚕咕嚕
咕嚕咕嚕
接著就是晚餐的時間了
到了拿坡里，當然得吃披薩啊。啊，這附近有瑪格莉特披薩的創始店，就去那裡吃吧
嗯……嗯……
邊走邊吃美食指南
瑪格莉特披薩是撒上番茄、莫扎列拉起司、巴西里香菜之口味簡單的披薩，十分受到大眾的喜愛
好耶，贊成♪
嘿嘿嘿，慢點各位是不是忘了什麼重要的事？披薩固然不錯，但提到拿坡里，當然要吃那個囉
唉呀呀
不對不對
就是那種麵條有點煮太過頭、裹上充滿番茄香味的濃稠醬汁，再加上提味的香腸、甜椒、洋蔥絲等簡單卻經典的配料，做出好吃又令人懷念的美食……
沒錯，就是大名鼎鼎的拿坡里番茄義大利麵（Neapolitan）呀!!
既然到了拿坡里，當然要吃這個！這裡最地道啊！♪
咚！
一針見血
無言以對
這裡沒有叫拿坡里的義大利麵
因為拿坡里番茄義大利麵是日本自創的菜色，在拿坡里並沒有名為「拿坡里」的義大利麵
青天霹靂
怎麼會
我就是為了吃這個才來的
在來時的飛機上看到對義大利的想像圖時就已經知道卻故意裝作沒這回事，大概是想等著看笑話而隱瞞拿坡里番茄義大利麵真相的人
黑心的女人肝
噗
對義大利麵的想像圖
拿坡里番茄義大利麵好吃發源地
好期待呀，拿坡里番茄義大利麵
啊－

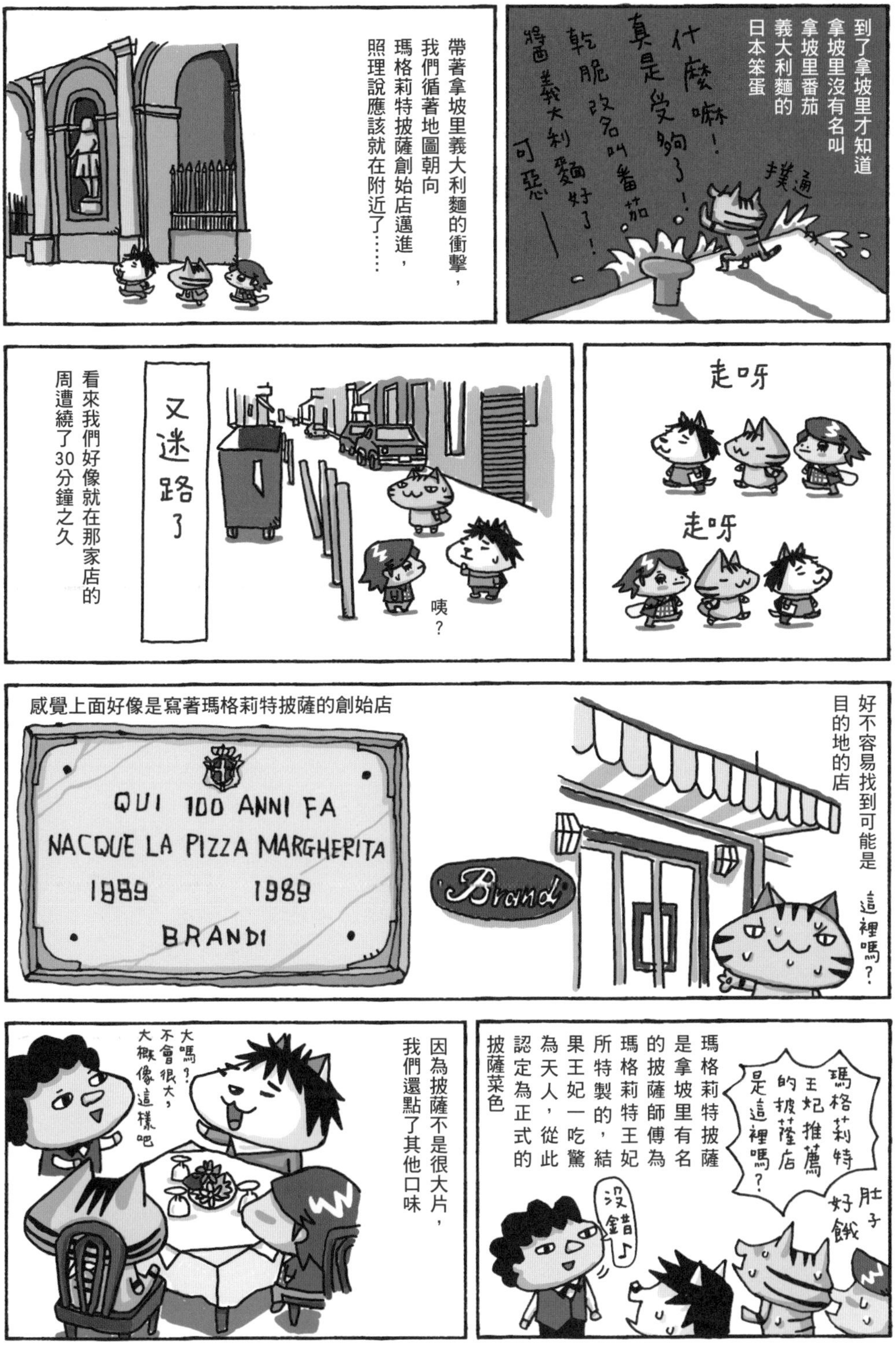
到了拿坡里才知道
拿坡里沒有名叫
拿坡里番茄
義大利麵的
日本笨蛋
什麼嘛！
真是受夠了！！
乾脆改名叫番茄
醬義大利麵好了！！
可惡——
撲通
帶著拿坡里義大利麵的衝擊，
我們循著地圖朝向
瑪格莉特披薩創始店邁進，
照理說應該就在附近了……
走呀
走呀
看來我們好像就在那家店的
周遭繞了30分鐘之久
又迷路了
咦？
好不容易找到可能是
目的地的店
這裡嗎？
Brandi
感覺上面好像是寫著瑪格莉特披薩的創始店
QUI 100 ANNI FA
NACQUE LA PIZZA MARGHERITA
1889 1989
BRANDI
瑪格莉特披薩
是拿坡里有名
的披薩師傅為
瑪格莉特王妃
所特製的，結
果王妃一吃驚
為天人，從此
認定為正式的
披薩菜色
瑪格莉特
王妃推薦
的披薩店
是這裡嗎？
肚子
好餓
沒錯♪
因為披薩不是很大片，
我們還點了其他口味
大嗎？
不會很大，
大概像這樣吧

咚
點了拼盤上來，內容卻跟朝鮮薊披薩重複。
炸蝦的口感酥脆
炸蝦
朝鮮薊
不是罐頭的，而是新鮮朝鮮薊。有點酸但很好吃，很容易上癮
海鮮披薩
蛤蜊的殼也直接放在披薩上
生火腿披薩
上面擺滿了好吃的義大利生火腿，味道當然令人不失望
瑪格莉特披薩
招牌口味，賣相雖然樸實，但滋味妙不可言…
NATIA
明明就很大 好大呀!!
怎麼會小呢
好大耶!!
咚!
而且很好吃
好吃 好吃
狼吞虎嚥
瑪格莉特披薩配料簡單樸實，反而能凸顯出起司和番茄醬汁的香味，也更能吃出餅皮的甜味。難怪能成為招牌菜色。
Buono!! 超級 Buono!!
突然看到隔壁桌好像是當地常客的歐巴桑用刀叉吃披薩…
她吃披薩的動作實在很俐落
好厲害
我還以為披薩就是要用手拿來吃的說
喀嗞
喀嗞

用餐到一半時，
走唱的歐吉桑上場了。
一邊彈著吉他
一邊開始說說唱唱
安東尼歐♪
我的牙刷♪
就這樣子斷了
好耶？
咚—
那是因為…♪
刷太用力
你刷太用力了♪
嚇一跳
蝦密？
這是怎樣
站在我們後面的服務生突然也唱和了起來!!
暫時沉浸在浪漫的氣氛中…
像這樣子也不錯
明明是…♪
前幾天才買的…♪
啦啦啦♪
之後我們終於吃完顯然是點得太多的披薩，雖然很好吃，但一人一大片實在有點勉強，因為真的很大片。
打嗝
打嗝
打嗝
義大利人也太活潑了吧
因為花太多時間吃披薩，害得我們到車站準備搭乘最後一班回羅馬的特急火車時，竟錯過了發車時間。不得已只好改搭普通車。這裡的普通車還真不是普通的慢，我們回到飯店已是半夜1點多。明天將是在羅馬的最後一天。
點披薩最好要有節制

井上先生的旅行相簿

真希望快點到。

抵達拿坡里。

據說義大利的火車有時會提早發車，害得一向時間抓很準的我們十分緊張。

一整排的包廂式座位。說是包廂，但因為只是用玻璃隔間，所以還是一覽無遺。

嗯…這就是到處都有扒手的城市。不過看起來很庶民的，感覺還不錯。

當地的歐巴桑說搭乘路面電車和公車時肯定會被扒。那種斬釘截鐵的說法還真是夠力！

到達渡輪碼頭。
出發時間……還得等。

在羅馬時，所有人都告誡我們說「如果要去拿坡里，要小心扒手」，到了當地也是，到底遇上扒手的機率有多高呢？

城名叫做 NUOVO，
意思好像是新城……
感覺很古老說。
就蓋在渡船頭旁邊。

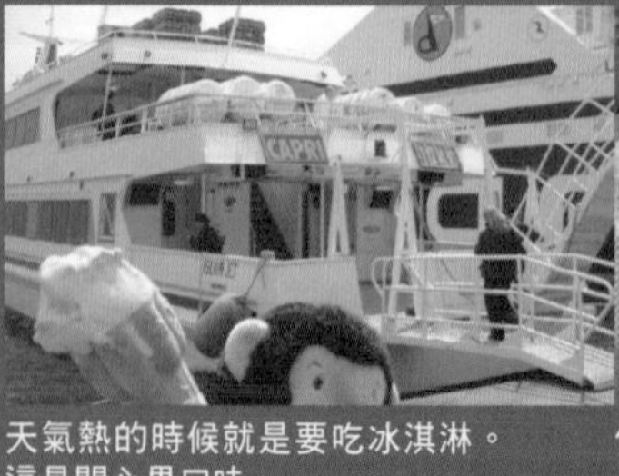

天氣熱的時候就是要吃冰淇淋。
這是開心果口味。

你們好呀！還活著嗎？

因為去不成，
只好調整心情買票。

抵達卡布里島！不知道能不能看到藍洞？

搭纜車到小島的山丘上，
一路上盡是檸檬樹。

港口停泊許多小船。天氣好的時候，就是搭這種船去藍洞的嗎？

纜車抵達的盡頭是充滿
觀光客的熱鬧街區。

景色絕佳！
令人心曠神怡。

喝杯現榨檸檬汁
休息一下。

店頭掛著許多新鮮檸檬，
光是看到就覺得好酸。

水果攤上也是。
新鮮的檸檬是帶葉子賣的。

利用島上
採收的檸檬
做成的檸檬酒。

休息之餘，
順便寫張明信片
寄給老媽。

島上的標誌都很可愛。那個畫著歐吉桑的圖案到底是什麼意思？……喂，井關老弟。

哦！貝殼浮雕飾品也不錯嘛。每一個的表情都不一樣。

也有賣許多辣椒。我怕吃辣，所以不需要。

到達小島山上。
藍洞在那邊嗎？好像不對。

嗯嗯，真是辛苦各位了。
這位老兄一說起話來，
似乎就停不住。

你好嗎？
住在島上的感覺如何？
這位仁兄，
不太愛說話耶。

回到拿坡里。
為了一嘗瑪格莉特披薩，
到處找披薩店。

哇，地道的
瑪格莉特披薩！
餅皮好厚喲。

回程錯過特急火車，結果花了去程三倍的時間才回到飯店。
外面已經一片漆黑了。

餐後還是得來一杯濃縮咖啡吧？

澎湃先生，味道很 Buono。

4QUATTRO

第四天
從羅馬到花樣城市
佛羅倫斯

羅馬最後一天的早上
鏘鏘啷
媽媽!
鏘將♪
END
嗚嗚嗚
嗚嗚嗚嗚
沒想到義大利也有播小蜜蜂的卡通,真是感人的故事!!可惜一點都聽不懂牠們在說些什麼
早晨起床看完在義大利播放的日本卡通後,還有其他的羅馬景點要逛,因此在去下一個城市佛羅倫斯之前,要先盡情遊遍羅馬
Go!!
Go!!
走在路上突然有個喜歡足球名將中田選手的義大利人前來搭訕,我雖然對於足球和中田都不太熟,但因為聽到對方說喜歡日本人,莫名其妙也覺得高興了起來
嗨!日本人嗎?
你知道中田嗎?
知知道…
I like 中田
HAHA
中田呀
Yes yes
情投意合♪
啊哈!
幸運繩
沙
臉色一變——
NO—!!
我才不會上當!!
看來國外還是不善之地

西班牙廣場
啊!有幫人畫肖像耶♪
真的嗎
不錯耶,♪我們SUNC編輯,也來請他們畫吧?得把我畫得帥一點才行♪
嗄?我不用啦,澎湃先生你請
是喔,我一個人畫多無聊,不然這樣吧,我先來然後SUNC編輯再畫
嗯,那好吧
好,說定了。幫我畫~
畫帥一點喲
OK♪
好
20分鐘後
咚—
感覺有點色
完全就是色
怒從中來
色迷迷武士是也!!
這…這算什麼嘛~
…
下一個人
唉呀!糟糕,這麼晚了
我們去下一個景點吧,唉呀,好可惜喲,人家也想畫說
瞄一眼
真的好可惜喲♪
什麼!!
拜託啦,SUNC編輯,妳也讓他畫成色迷迷武士嘛~
我不要

許願池
羅馬最大的噴水池
雕刻真的太精采了，
因為花了30年的
時間!!
CLEMENS PONTIF
BENEDICTVS V
中央是海神
水沒有流過那裡喲
需要刻得這麼細緻嗎？
巴洛克老兄…我已經素描到手抽筋了。雖然看的
時候，美得感動到不行
據說背對著水池
將錢幣從肩膀往後丟，
就能重返羅馬
看我的!!
丟
千萬不可向前
用力一投
看我的
丟
噹！
好痛
或是丟在
海神身上
想到像這樣投
進去的錢幣在回
國後依然留在水
池底閃閃發亮，
就覺得很高興♪
後來澎湃野吉在日本的新
聞得知小偷把池裡的錢幣
給全部撈走的消息

如果周遭的人不是那麼多的話
吱吱喳喳
吱吱喳喳
嘰喳呱啦
嘰喳呱啦
嘰喳呱啦
不過因為這真的是一座很美麗的噴水池，坐在池邊靜靜沉思的感覺也不錯
事實上這是出國以來第一次買東西，心情忐忑地往小販靠近
走了半天覺得口渴，決定挑戰買東西
我可以去買水嗎？
請便
好緊張喲
通了耶!!
!
竟然比手畫腳嘛耶通
Please
請給我
two
兩瓶
water
水
感覺自己買的水特別好喝
咕嚕
咕嚕
沒忘記禮貌
謝謝啦～

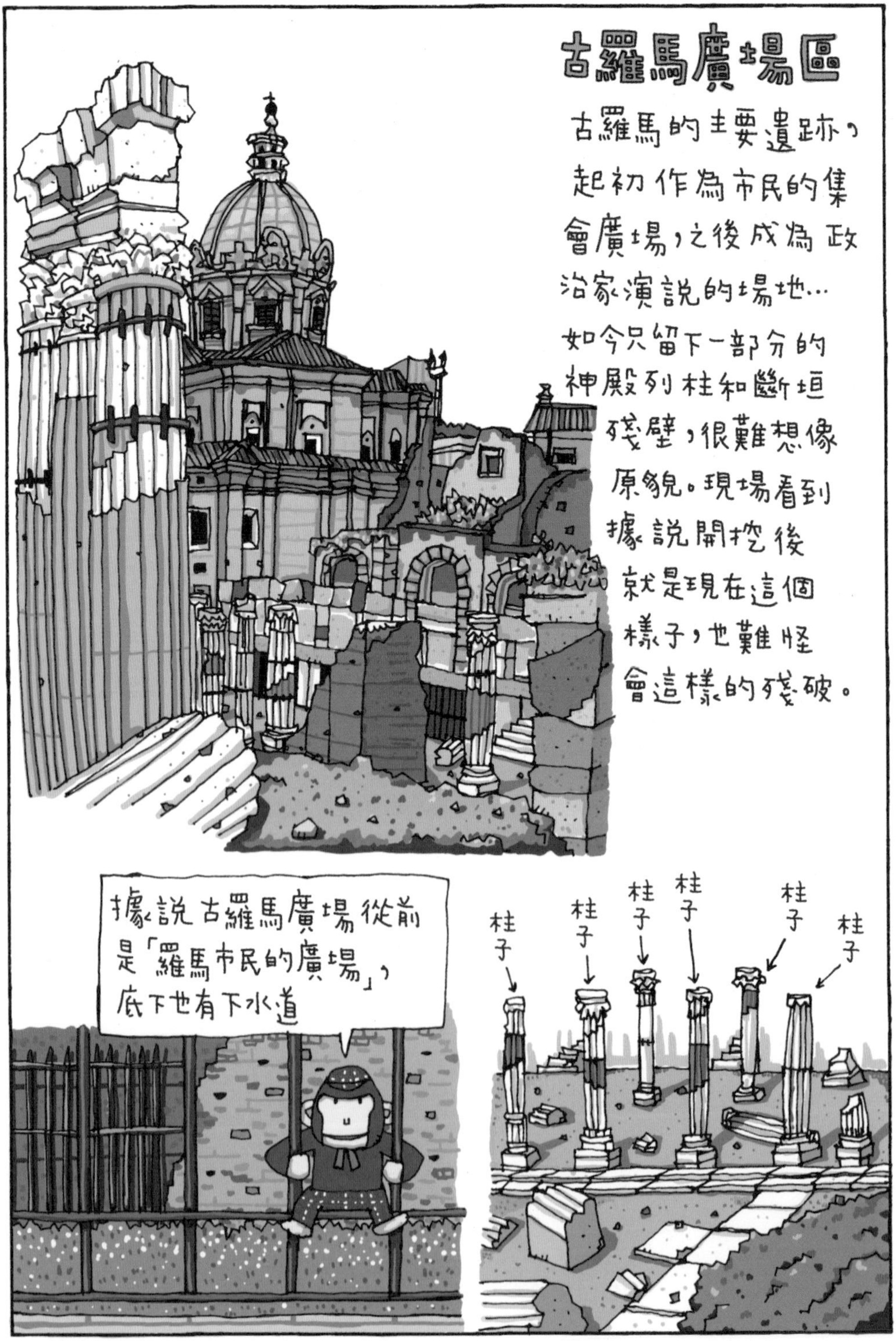
古羅馬廣場區
古羅馬的主要遺跡，起初作為市民的集會廣場，之後成為政治家演說的場地…
如今只留下一部分的神殿列柱和斷垣殘壁，很難想像原貌。現場看到據說開挖後就是現在這個樣子，也難怪會這樣的殘破。
據說古羅馬廣場從前是「羅馬市民的廣場」，底下也有下水道
柱子
柱子
柱子
柱子
柱子
柱子

很普通的被放在那裡
悄然立在一旁
很普通嘛!!
在那裡!!
真理之口
我知道這東西！我家附近的遊樂中心也有這種算命機。不過具體而言，我不知道它是什麼。
大家都看過認識真理之口的臉，但其實它也只有一張臉而已，沒想到如此超級有名的原版就在羅馬
不知道為什麼，大家很自然就會把手伸進去吧？這就是知名的真理之口令人驚訝的是比想像要大很多!! 也光滑得嚇人！
晃來晃去
啪嚓
來訪的遊客都會將手伸進去拍照看來是招牌姿勢。
然而這麼有名的真理之口居然是放在教堂入口的牆邊一角而且是跟馬路之間只有柵欄相隔的開放空間，任憑遊客愛怎麼摸就怎麼摸，真令人難以置信。
Q：到底它是什麼東西？特大號的飛盤嗎？
A：不對。據說真理之口原本只是個人孔蓋！
跟西班牙廣場一樣，也是「羅馬假期」裡的著名場景之一
鐵柵欄外就是一般道路

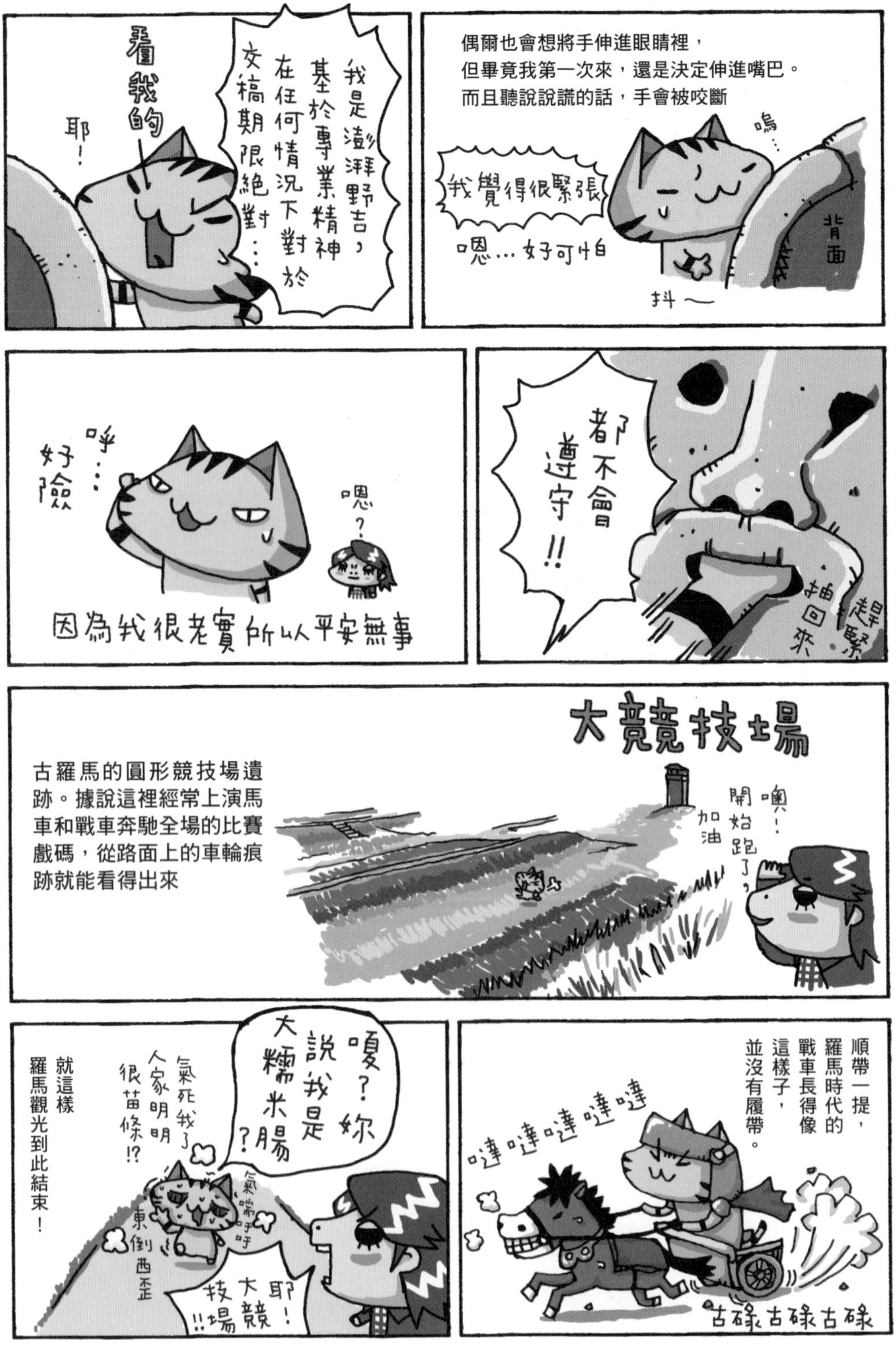

看我的
耶!
我是澎湃野吉，基於專業精神在任何情況下對於交稿期限絕對……
偶爾也會想將手伸進眼睛裡，
但畢竟我第一次來，還是決定伸進嘴巴。
而且聽說說謊的話，手會被咬斷
嗚…
我覺得很緊張
嗯…好可怕
背面
抖～
呼…好險
嗯?
因為我很老實所以平安無事
都不會遵守!!
趕緊抽回來
大競技場
古羅馬的圓形競技場遺跡。據說這裡經常上演馬車和戰車奔馳全場的比賽戲碼，從路面上的車輪痕跡就能看得出來
噢!開始跑了，加油
嘎?妳說我是大糯米腸?
氣死我了人家明明很苗條!?
氣喘吁吁
東倒西歪
耶!大競技場!!
就這樣羅馬觀光到此結束!
順帶一提，羅馬時代的戰車長得像這樣子，並沒有履帶。
噠噠噠噠噠
古碌古碌古碌

以上走訪了羅馬的主要觀光景點，各位是否覺得滿意呢？嗯，太好了。接下來要回飯店整理行李準備往下一個城市佛羅倫斯移動，可以嗎？怎麼了嗎!!
咦，怪了？這麼說來，從剛才起就沒看到井關老弟的身影？
比手畫腳
對呀，一早就沒看到他人。
不錯嘛，澎湃先生很敏銳喲，居然被你識破了。事實上井關老弟一早就不在，但不必擔心。因為他並沒有在西班牙廣場的階梯上摔跤而被送往醫院囉。
少在那裡嚇唬人了，演什麼蹩腳戲嘛
嗯⋯是這樣子的，井關老弟今天是去車站接某位大人物
剛剛接到他們已經抵達飯店的訊息，我們也得趕緊回飯店跟他們會合。因為我們四個人要一起去佛羅倫斯
不過令人煩惱的是，回飯店要用走的呢？還是搭計程車呢？
嗯⋯走路頂多只要30分鐘
當然是搭計程車吧！
計程車呀!!
計程車 計程車 計程車 計程車
計程車 計程車
計程車 計程車 計程車
計程車 計程車
計程車 計程車
計程車
體力已經耗盡了
好！我們開始走吧！
活力十足
慢點
可是途中迷路走了約一個小時⋯
整個人還是充滿活力
澎湃先生，飯店馬上就快到了⋯
健步如飛
是哦
氣喘
快死了
呼呼
好不容易到了飯店，除了等了老半天的井關老弟外，還多了一個新成員
到達～
新的成員就是⋯
讓你們久等了啊！
啊！他們到了

發行這本遊記的
Goma Books 出版社
老闆嬉野先生!!
哦，兩位辛苦了～
該怎麼說，他可是我們的頂頭上司呀
你們這是幹嘛…
歡迎來到義大利
嬉野先生前來的目的當然不是觀光，而是到波隆那兒童書展談生意。不像我們純粹只是在玩。但是看在他應該會請我們吃大餐，就讓他同行囉!!
走累了，肚子也餓扁了，出發前我們在路邊的咖啡廳用餐
帕尼諾（Panino）
義大利的三明治，種類繁多，和披薩一樣都是外帶必點的輕食
真是要命！任何人都會被畫成色迷迷武士!!
我能理解，色迷迷武士
就這樣我們四人一起前往佛羅倫斯!!
Let's Go♪
我們搭乘義大利高鐵的歐洲之星前往佛羅倫斯聽說速度跟新幹線一樣快
座位很寬敞，附有很大桌子。很適合長途旅行
再見了！羅馬
哇，好快啊！
咻——!!
從羅馬出發約一個小時40分鐘後…
佛羅倫斯
羅馬
抵達佛羅倫斯

首先進飯店
已經訂了跟我們一起的飯店
咚——
!!!!
MEDICI
MEDICI
梅第奇!!
好華麗!!
梅第奇是佛羅倫斯以金融業崛起致富的政治家族。在佛羅倫斯只要冠上梅第奇的門號就代表是一流中的一流
富麗堂皇
…
…
一進入房間…
桌上已擺著一籃新鮮水果…
咚——
從陽台可以看見教堂圓頂等知名景點
教堂圓頂
眺望底下的庭院，立刻看到游泳池
…
簡直就是國王般的待遇
叮咚
正當我啞口無言之際，服務生走進房間
先生，你好
你好
咔嚓
手上拿著一大瓶應該價格不菲的香檳酒
咚！
BRUT IMP
MOËT &

對方好像說要開瓶…
Open?開酒?要喝嗎?
我趕緊拒絕…
NO!
我沒有點酒啊
揮手
NO~!
揮手
NO!
服務生把酒放下走了
喀喀喀喀喀
怎麼會這樣
堅果
餅乾
簡直是強制性服務嘛!!
哈，搞不好是因為住這家高級飯店的客人都會點香檳酒，所以形成不用點就自動送上來的系統。反正客人都是刷金卡付帳單的吧？
哇啊啊
沒想到當我跑去跟隔壁求助時
SUNU編輯，不得了了！服務生放下一瓶看起來很貴的酒就走了
咚咚咚
隔壁已經喝了起來
啊，澎湃先生你好呀
怎麼了嗎，瞧你緊張兮兮的
開門
大吃一驚
咚
這一定是飯店送的啦。畢竟是這麼高檔的飯店…
是哦，那我也要馬上開來喝
五星級飯店耶，人家可從來都沒有住過哩
喝吧，澎湃先生
老闆萬歲
原…原來如此
彷彿文藝復興的到來
呵呵呵
哈哈哈
SUNU編輯，妳看底下的人都像螞蟻般在工作
捲起來
咕嚕
捲起來
咕嚕
乾杯~
噹
於是我們又到嬉野先生的房間集合乾杯，他當然也早已經開酒來喝了
乾杯♪
哈哈哈！這是迎賓香檳，當然可以開來喝
哈哈哈！
梅第奇萬歲
我搞錯了，真不好意思
而且晚餐也……
‧‧‧‧

咚——
牛排
烤魚
義大利水餃
塗有高級醬料的麵包
奶油培根麵
生火腿
起司
一看就是很高檔的菜色！
而且每人還有一瓶紅酒隨時在旁服務…
謝謝謝謝
那真是豪華高級的、令人感謝萬分的晚餐
大口吃
大口
梅第奇太棒了！
之後…
真舒服、真享受~
飯後各自回房間，我沉浸在前所未有的高級浴缸裡
洗完澡穿上飯店準備的浴袍（可不是浴衣喲），突然發現牆上掛著一條繩子，我心想這裡既然是浴室，
那應該就是換氣扇的開關吧！
嗯？
用力一拉
就試著拉拉看
可是換氣扇沒有動，還以為是故障了，又連拉了好幾下，
咦？
??
我拉啊拉
這時才注意到繩子上面有個牌子，仔細一看上面寫著…
警鈴
ALARM
警鈴
上面也寫日文
拉
拉
叮咚叮咚
咚咚咚咚
叩可
!!
糟了——
對不起
Are You OK??
Sorry

井上先生的旅行相簿

大家都在看耶！
女生都在看耶！
太棒了，澎湃先生！

被這麼多女生包圍，
難怪畫肖像畫的歐吉桑
會畫成色迷迷武士。

色迷迷武士上場了！
嗯…眼睛色迷迷的。

約定俗成的投幣習俗。據說投進1個可以重遊羅馬。2個可以結婚，3個可以離婚。因為我的手搆不到，只好用左手投，不知道有沒有效？

許願池。偶爾也要跟澎湃先生拍一張。
後面最醒目的人物就是海神。

噴水池周遭擠滿了遊客。

羅馬街頭到處都是歷史性建築，感覺隨便走到哪裡都能看到遺跡。許願池也是突然就出現在大街上，跟生活融合在一起。真是太厲害了。

有賣好大的香蕉。
要買嗎？那串香蕉？

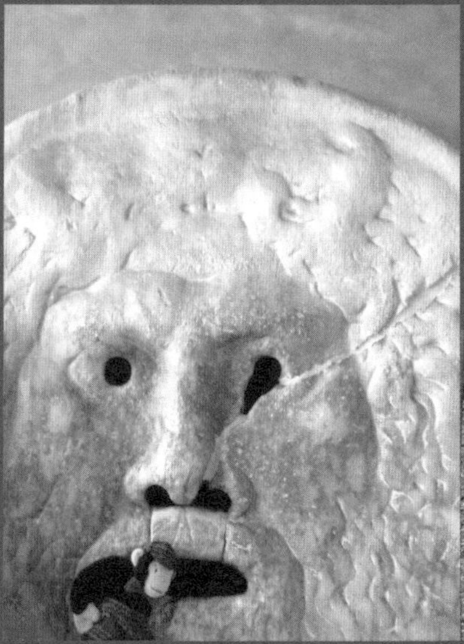

不知道為什麼今天
又來到圓形競技
場，就拍了一張紀
念照。圓形競技場
的右前方是古羅馬
廣場區，羅馬帝國
時代的政治中心。

我這個人隨時都會擔心有沒有飯吃
安全過關！

呼…走累了休息一下。

午餐吃帕尼諾。在街頭咖
啡廳的悠閒午餐。

終於要跟羅馬道別。
搭乘跟新幹線一樣快的
歐洲之星前往下一個目的地
佛羅倫斯。

從車站搭計程車
很快就抵達飯店。

歐洲之星的座位很寬敞，
很舒適，還有電子插座，
設備很完善。

哇！房間也很高檔的樣子。

果然內部裝潢也都充滿著
富麗堂皇的氣息。

哇！那個紋章是……
梅第奇家族。

浴缸，透明的玻璃耶。
這樣人家會害羞的啦。

萬歲！有香蕉耶！還有很多的水果。
這裡簡直就是天堂嘛。

哇！繡有紋章的浴袍。
我也是名流耶，名流。

太棒了！送來了香檳酒!!
還有堅果、餅乾!!太棒了!!

房間下面有游泳池。
不過直接跳下去很危險吧。

呼…
看來有點
太過興奮了。

大白天就開始拚命
喝起香檳，大家的
興致還真高。

你猜這是什麼？非常好吃……
不過我也忘了是什麼。

不要冰開水，
請直接送白酒上來。

這麼高級的服務，不禁令人
對晚餐也抱以高度期待。

5 CINQUE

第五天
參觀波隆那
兒童書展

佛羅倫斯第二天
今天換換口味，不去觀光而是參加在波隆那舉辦的兒童書展。據說這是世界各地兒童書齊聚的一大盛會。當然非去看看不可囉!!各位看官。懷抱著這樣的期待，我們四人搭火車從佛羅倫斯前往波隆那，再轉乘公車到展場
抵達波隆那兒童書展展場
BolognaFiere
BOLOGNACHILDREN'S BOOKFAIR
人很多
展場分為好幾個區域
A
JBBY
哇!
這裡會舉辦來自世界各國的兒童書競賽，發表得獎作品並舉辦原畫展。
B
首獎作品
嗯，這個故事的內容很棒……插畫就還好…
你看得懂嗎?
英文
一點都看不懂
……
眼神
對峙
離開競賽區後，發現有個場地氣氛顯得特別熱鬧，便走上前去……
嗯
人頭攢動
那裡有供自我推銷的廣告看板，不管是專業還是業餘作家都能將作品貼在上面
可以自由貼上作品
推銷自我
哇!
好像很好玩
貼在上面的作品真多，幾乎找不到空位
擠得滿滿的

雖然有這麼多的作品，但每一張都能看出作者的個性。整個看下來，感覺很好玩。
TOMOTA
作品旁邊貼有可供連絡的名片。因為世界各地的出版業者都會聚集於此，所以這裡成了最佳的自我推銷場所。
脖子好長的猴子
TOBIO
Mail
結果…
這裡很引人注目吧？那就放在這裡囉
是的，長官
行禮
沙
沙！
唰唰
咚——
澎湃野吉相關書籍
奇比小語
BONte
居然遠從日本帶了過來
嘻嘻嘻！怎麼樣呀，這麼多的數量，很重耶。
當然很重囉。
為了向全世界推廣澎湃野吉，我們硬是擠出空間、借來圖釘，當場開始製作澎湃野吉營業用迷你展示場
圖釘
那裡有空位
這裡也有
貼
BONte
沙
貼
放
奇比小語
鏘！！
進軍世界！！
澎湃野吉展示場完成
BONte
哎呀，完成了、完成了。這樣應該夠醒目了吧？因為直接把書擺了出來…
沙
沙

放下才6秒就都被拿光了
蝦密!?
哇喇
因為不要錢，放在那裡被拿走很正常呀，反過來要是都沒有人肯拿就傷腦筋了
BONte
話又說回來，才一放下就被拿光，哪有什麼宣傳效果！再放多點!!
帶來的都已經擺出來了
是的，長官！
振作精神
我拿
我貼
奇比小語
我拿
我貼
報告!!不管我們放下多少，馬上就會被拿光
太受歡迎了
嗚嗚嗚嗚…
好！看我的那就這麼做
沙
啪啪
BONte
咚
圖釘
BONte
哇
答啷
哇
BONte
答啷 答啷
太完美了!!
哈哈哈，怎麼樣，這樣就拿不走了吧！
好，我們繼續往下走
搖來晃去
認真翻閱
不過看到外國人拿著自己的書看，感覺很新鮮
嘿！他們在讀我的書耶
BONte
好感動喲
嗚嗚嗚
嗚嗚嗚

出版社專區
全部都是兒童書
出版社
出版社
出版社
出版社
出版社
這裡有各國出版社展示自家商品的包廂，也是交涉版權買賣的場所
每個包廂裡都擺有桌椅，熱絡地進行交涉
大排長龍
好厲害！
知名兒童書或卡通人物的包廂前排滿了前來交涉的出版商
我來看看有沒有什麼符合日本市場的書呢
井關老弟，我對這本書很感興趣，想跟對方談談簽約事宜，你幫我翻譯
是
嘰哩呱啦
啊，對方說如果喜歡那本書，可以寄到日本給您參考
那就寄到名片上的地址吧
咦？談起生意來了
真會把握機會
為了不影響老闆談生意，我們去參觀其他包廂
好棒呀
嗯嗯
LUPO PECO
噢！
哇！這本童書好可愛喲，好想要♪
真的很不錯耶

井關老弟，可以過來一下嗎？
好的
可以麻煩你…
眼睛為之一亮
這一本也請他們寄過來吧
對方說立刻就寄
嘰哩呱啦
……
……
對方說請你們自己到書店買
打擊——
無言
嘰哩嘰哩呱啦呱啦
瞄了一眼
興奮期待
跟對方說這本書我們有興趣，可以寄一本給我們參考嗎？
好的，我來問問
給
對方說馬上寄出
嘰哩嘰哩呱啦呱啦
嗯
怎麼了，想要那本書嗎？嗯…
井關老弟，這本書我有興趣
是的…
嗯
哇咧？
雖然不是很清楚，但很明顯是在說「這兩個小毛頭看不出來是出版業者，一看就像是…噗…嘰哩呱啦」。雖然聽不懂，看他的態度也知道！真是可惡的傢伙!!的確對方沒理會我們，但我們本來就是想免費A書的嘛！
別看我這樣，老子在日本也算是歐吉桑了
火大
氣憤
唸唸有詞
Oh…Boy…Girl…嘰哩呱啦……
噗
好像在說些失禮的話 感覺！
!!
哪耶阿捏？

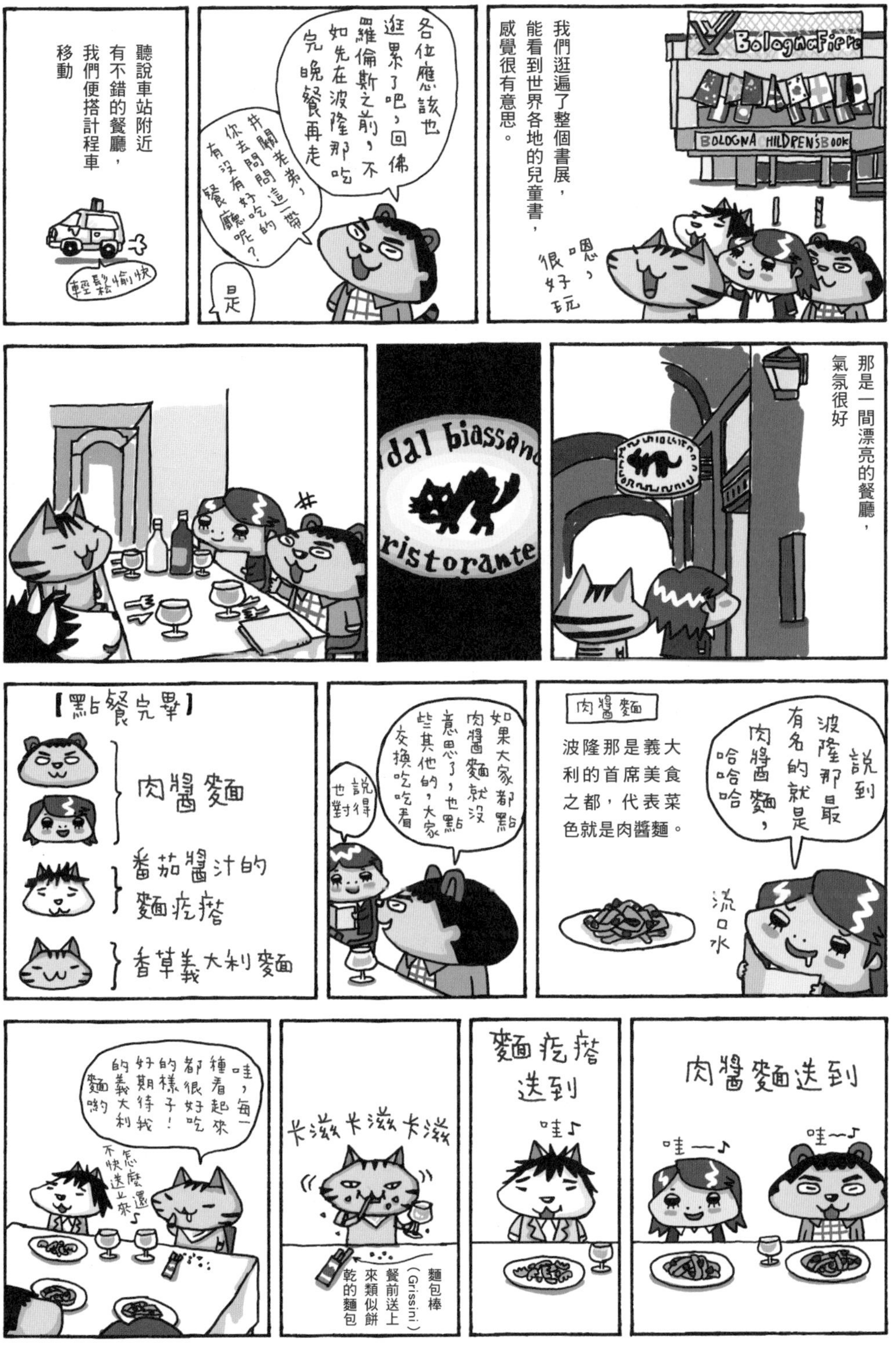

BolognaFiere
BOLOGNA HILDREN'S BOOK
我們逛遍了整個書展，能看到世界各地的兒童書，感覺很有意思。
嗯，很好玩
各位應該也逛累了吧，回佛羅倫斯之前，不如先在波隆那吃完晚餐再走
井關老弟，你去問問這一帶有沒有好吃的餐廳呢？
是
聽說車站附近有不錯的餐廳，我們便搭計程車移動
輕鬆愉快
那是一間漂亮的餐廳，氣氛很好
dal biassano
ristorante
肉醬麵
波隆那是義大利的首席美食之都，代表菜色就是肉醬麵。
說到波隆那最有名的就是肉醬麵，哈哈哈
流口水
如果大家都點肉醬麵就沒意思了，也點些其他的，大家交換吃吃看
說得也對
【點餐完畢】
肉醬麵
番茄醬汁的麵疙瘩
香草義大利麵
哇，每一種看起來都很好吃的樣子！好期待我的義大利麵喲
怎麼還不快送上來♪
卡滋卡滋卡滋
麵包棒（Grissini）餐前送上來類似餅乾的麵包
麵疙瘩送到
哇♪
肉醬麵送到
哇—♪
哇～♪

壓軸上場
呵呵！來了送來了
氣味濃烈
嘰哩呱啦（這是香草義大利麵）
咚
天啊！
好臭
應該說是一種非常獨特的強烈氣味…
我不行了!!早知道就點肉醬麵。
香草
氣味
濃烈
來吧！澎洋先生，請用我的肉醬麵，拿99一點去吃沒關係
謝謝，我只要一點點就好了。因為我還得把這些水餃吃完才行。
可是這味道真重
濃烈
氣味
那不是水餃啦。
盡情享用肉醬麵
吸哩呼嚕
吸哩呼嚕
哎喲，好好吃喲！肉醬和紅酒的風味真是絕配。
不愧是代表波隆那的知名美食。
是啊，這個麵疙瘩咬勁十足，義大利料理果真名不虛傳呀
氣味
濃烈
飄散
特大號的布丁甜點也很可口
好吃～
好大。
氣味飄散
用完餐我們在月台等待回佛羅倫斯的火車…

要通知各位一個壞消息，下一班車還得等一個小時
真是要命
要等一個小時嗎？
是的
我去上個洗手間
真久呀！一個小時該怎麼打發呢？
嗯
咦？澎湃先生你背包後面冒出一個咖啡色的東西是什麼？
唉，剛剛的水餃…
哦，你是說這個嗎？其實它是…
看我的
拉出來
水豚先生
毛茸茸的
咚
哦，那是什麼？挺可愛的嘛
這是SUZU編輯借給我的旅行玩伴
BONte的夥伴
突然多出空檔，沒辦法囉，乾脆來幫井上先生拍照吧
拍幾張快照吧
你們在幹嘛？
居然在這個車站的月台上
啪嚓！
啪嚓！
水豚先生攝影會
好奇怪喲！
不過我似乎也沒立場說別人
啪嚓！
火車還沒來嗎？好慢呀？
好像是誤點了
BOLOGNA
好睏喲
車來得真慢
好慢呀
怎麼還不來
明天得徒步進行佛羅倫斯的市區觀光

井上先生的旅行相簿

好耶！
自助式早餐很豐盛！
你看，
有這麼多生火腿！

唉，早餐總是不知不覺間就吃太多，
我是不是胖了？

今天要從佛羅倫斯搭一個小時的火車到波隆那。

波隆那車站，很熱鬧喲。

好期待喲，咦？為什麼大家都在笑？我很奇怪嗎？

到達書展會場。
哇，好興奮喲。

人說波隆那是美食之都，也是義大利最適合居住的城市。澎湃先生點的香草義大利麵，我覺得味道也不錯吃哩。

自我推銷的看板，
充滿了熱情的活力。

澎湃先生和連載有他的作品的「BONte」合拍一張。

午餐吃的是會場裡的自助餐。肉醬千層麵和沙拉。

這裡有來自全世界的兒童書出版業者，其中也有日本出版社的包廂。

漫步在街頭找尋餐廳時，
發現有趣的場所。

發現氣氛不錯的餐廳。
招牌也很可愛。就決定吃這家了！

到了波隆那就一定要點那個。

哇賽！生火腿片
滿滿一大盤！

因為今天走了好多路，
啤酒肯定特別好喝！

嗯，沒錯，果然點這個
準沒錯。肉醬麵。

大家交換著吃，
可以品嘗不同菜色。

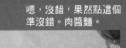

我看看回去的火車班次。
得等很久。

「Arrivederci，波隆那。」啊！是再見的意思啦。

水豚先生一向都很沉默寡言。什麼？咕嚕的叫聲應該不算說話吧……

居然說什麼乖呀乖的……。為什麼只對水豚先生好？

太好了，終於也讓我加入。咦？這不是SUZU編輯平常在用的照相機嗎？

拜託，也要幫我拍照呀，不要只拍水豚先生嘛

今天好累呀！晚安了。

啊，糟了，得確認工作的電子郵件。

在飯店休息看電視時打電話，不告訴你對方是誰。

6 SEI

第六天
優遊佛羅倫斯

佛羅倫斯第三天早上
梅第奇式早餐
呵呵呵
哈哈哈
嬉野先生今天回國。
畢竟身為老闆，工作很忙
接下來就麻煩各位了，飯店的費用我來買單
我送嬉野先生到車站
一路順風～
揮揮手
由於金主回國，貴族期間到此結束
砰！
那麼今天就漫步佛羅倫斯市區觀光吧。不知道不搭計程車能不能逛完
而且散步也不花錢
沒落的速度還真是快呀
我們決定到主教座堂附近散步
MUSEO
結果
馬路上竟然有旋轉木馬
咚！——
為什麼？

①趁著停下來的時候
偷偷跑過去
東張 西望
沙沙沙沙
②不讓管理員發現，
動作迅速地讓井上先生
騎上去
沙沙
啪噠
③快速拍照
啪嚓 啪嚓
啪嚓
④萬一被發現挨罵就
糟了，拍完後趕緊
腳底抹油走人
逃呀！
噠噠噠噠
乍看之下
以為是毫不稀奇的
方尖碑⋯
底下竟然用烏龜支撐著
好重
好重~
好重
蝦密！
百花聖母教堂
毛茸茸

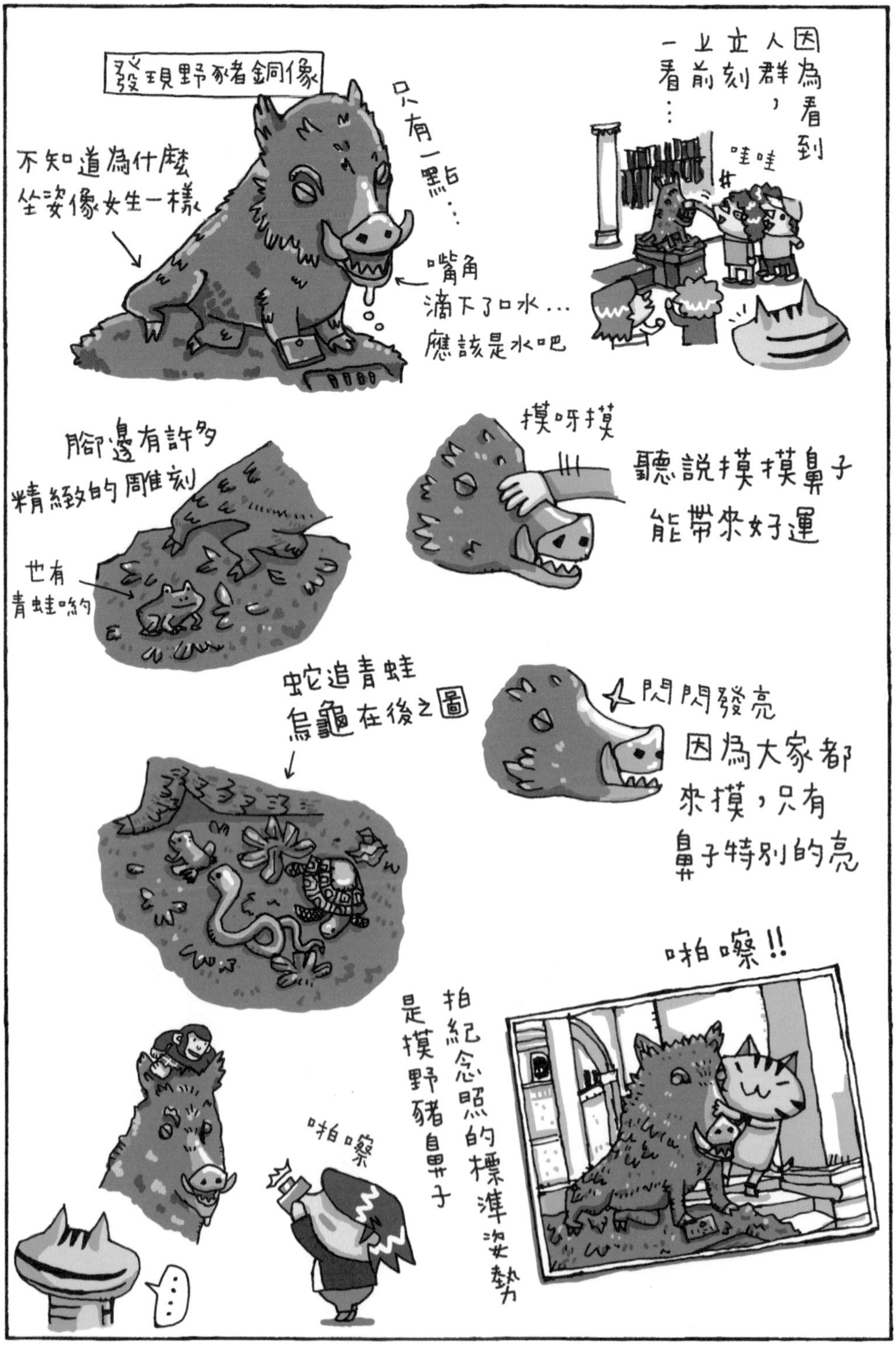
發現野豬銅像
不知道為什麼
坐姿像女生一樣
只有一點…
嘴角
滴下了口水…
應該是水吧
因為看到人群，立刻上前一看…
哇哇
腳邊有許多
精緻的雕刻
也有
青蛙喲
摸呀摸
聽說摸摸鼻子
能帶來好運
蛇追青蛙
烏龜在後之圖
閃閃發亮
因為大家都
來摸，只有
鼻子特別的亮
啪嚓!!
拍紀念照的標準姿勢
是摸野豬鼻子
啪嚓
…

路邊有變魔術的人偶？發現了現場表演的小販
真是不可思議耶！在日本有時也會看到這種沒有繩子操控的人偶。
會跳舞的人偶
扭去
扭來
扭來扭去跳著舞，不知道有什麼機關
到底背後藏有什麼機關呢
走上前看
一起搭肩在膀啦！
天呀！
日本超有名的漫畫人物
美國超有名的漫畫人物
扭去
扭來
就當我沒看見
扭過頭去
比起背後機關，這消息太勁爆了
馬路上愛怎麼搞就怎麼搞
就某種意義而言，算是夢幻組合吧
市場和超市豪邁地陳列出各種食材
義大利番茄形狀凹凸不平
不過正是好吃的關鍵
那是南瓜嗎？
朝鮮薊
櫛瓜
義大利的招牌蔬菜，經常在披薩、義大利麵中可吃到
水果攤
雖然水果形狀參差不齊
但顏色看起來很好吃的樣子

中央市場
肉攤上的天花板掛滿了生火腿
晃來
晃去
好厲害!!火腿好好吃的樣子、生火腿也不錯
真的野豬
水果乾
香蕉
櫻桃
萊姆
芒果
一口接一口
鳳梨
戈貢佐拉藍紋起司
莫扎列拉起司
帕馬森乾酪
起司的種類之多也很不得了!
哇!起司太棒了
義大利麵
PICI TOSCANI
橄欖油
番茄乾
4.00
牛肝蕈
15.00
乾貨很多，尤其以番茄乾、牛肝蕈最為有名
兩者都常用於義大利麵

烏菲茲美術館
在這個美術館可以看到許多代表義大利美術的超級知名作品。
達文西、拉斐爾、米開朗基羅、波提伽利等文藝復興時期的名畫一應俱全。
來到佛羅倫斯千萬不能錯過的藝術景點。
像這一幅
不過我們很高調地略過沒進去……
因為排隊的人實在太多了嘛
就是說
大排長龍——
不過在美術館前看到很棒的東西
哇塞！
發現一個把自己站成雕像的人
好厲害！
哇
不論是衣服的質感還是顏色都跟真的一樣
手也塗上雕像的顏色，功夫很細膩
站著不動時就跟雕像一樣，完全分辨不出來的絕妙演技!!
一旦有觀眾將錢投進腳邊的盒子，就會以優雅的動作彎下腰來跟觀眾勾肩搭背一起拍照
太好玩了！
Bravo!!
完全不一樣!!
好厲害…
咚——
跟那傢伙相比的話!!
哈哈哈要拍照嗎
佛羅倫斯最古老的一座橋，很堅固。橋兩旁蓋滿了房子，成為凹凸有致的觀光景點
舊橋
獨木舟
橋上的店家櫛比鱗次，遊客也很多。
一點都不像是在橋上的感覺。
人 店 人 人 店 人 店 人
都是人 到處

幾乎所有的店家都是高級珠寶店
奢華
簡單說明
據說原本橋上都是肉攤，因為臭氣沖天，讓住在附近宮殿裡的斐迪南一世十分不滿，基於宮殿周遭不適合的理由，強迫全部改為寶石店……
當然我們兩人只能純欣賞…
目不—
轉睛
因為走了很多路
呵！等一下
我口渴了，想要買水，可以嗎？
就在那家店
請便
只有水自己一個人敢去買…
Negozio acqua
噠噠噠
Negozio acqua
謝謝
讓妳久等了
我買回來了
好大一瓶
腳步蹣跚
咚—
幹嘛買那麼大瓶？買小瓶不是比較好嗎？
呵呵呵，因為大瓶才划算呀，這妳就不懂了，SUZU編輯，現在不買，待會兒妳就會後悔「剛剛怎麼沒買」
…15分鐘後
呼… 呼… 呼…
搖來晃去
我錯了，早知道就不該買水
好重呀！沒想到水竟然這麼重!!
可…可以休息一下嗎？
嗄？又要休息了嗎？
搖搖晃晃
天堂之門
金光閃閃
坐在教堂前的階梯上
咕嚕 咕嚕 咕嚕
…
企圖喝掉好多少減輕一些重量
送嬉野先生去搭車的井關老弟在這裡跟我們會合
兩位好，有沒有到處逛逛呢？

PIZZERIA
FRANCO
因為接近中午，我們決定在附近吃飯
澎湃先生怎麼抱著一大瓶水？應該很重吧？
…
?
點完後，切片的生披薩才送進去烤，因此就算是外帶，也是熱呼呼的正宗美食
我們到附近的餐廳外帶披薩。種類好多，真不愧是義大利，Buono！Buono！
聖三一橋
平行在舊橋旁的橋。因為風景很好，有許多人在上面散步或坐在欄杆上休息。決定了！就買披薩到這裡吃吧♪
舊橋
看著舊橋正面吃午餐，真是奢侈的享受呀
開動了
橋的欄杆
瑪格莉特披薩
生火腿和香菇披薩
幹嘛不坐上來呢？
謝謝，不必了
坐在那麼高的地方很危險，會掉下去的
有懼高症
就是說嘛！有種不同於在餐廳用餐的樂趣。尤其是橋上看過去的風景很美。
#
有風吹過來，感覺好舒服！在戶外用餐其實也不錯哩！

繼續散步
咕嚕咕嚕
美術館旁邊和廣場等地有許多畫肖像畫的人
啊！我想起來了
??
SUZU編輯也去畫一張嘛！妳不是還沒畫嗎？
啊，他想起來了，真討厭
用力瞪
?
好！決定讓那個人畫吧
東張西望
唉
發呆
畫肖像的亞伯特先生
OK♪
#
那你幫我問問看，井上先生可不可以也一起畫進去
好的，應該是沒問題吧
竊笑不已
好期待成果喲。對了，你們事先就說好要畫肖像畫的吧？
算是吧
?
聽起來好像已經約定好了
本來說好輪到她畫的，卻被她給逃掉了，因為她不想跟我一樣被畫成色迷迷的武士
唉，那張畫真的很糟糕
不停抱怨
是哦
站在我的立場，肯定也會當場逃跑
呵呵呵，依我澎湃野吉看來，
這個亞伯特應該不怎麼高明。我雖然不按時交稿，但好歹也是個專業的畫家，自然一眼就能看穿。
一個身穿黃綠色運動上衣的傢伙，能畫出什麼有水準的東西呢！
#
呵呵呵，肯定錯不了的
不懷好意的樣子~

完成
怎麼會這樣！
畫得太好了
嘰哩咕啦
唉呀，謝謝謝謝♪
他說因為妳長得太美了，所以畫得比平常都好
哼
呵呵呵
說到義大利，就想到葡萄酒，也就是所謂的奇揚第酒。在井關老弟的推薦下，我們走進了葡萄酒專賣店
Chianti
我一點都不懂葡萄酒
哇——
按年代別排放
數量真多!!
嗯……數量多到人家都不知道該怎麼挑選了
嗯嗯嗯
說的也是……比方說奇揚第酒產自於托斯卡那地區，另外還有布魯涅洛提蒙塔奇諾酒，那邊的是莫雷利第斯卡……
呵!!這瓶在○○年引起很大的話題……
好厲害
……
井關老弟似乎對酒很熟悉
買了
紅酒、白酒都買♪
澎湃先生，你不買嗎？
哦，我手上有這個，已經拿不動更重的東西了
佛羅倫斯的漫步之旅順利結束，明天即將前往威尼斯。佛羅倫斯最後一夜的晚餐，我們決定到河邊的餐廳吃牛排♪
卡滋卡滋
卡滋卡滋
卡滋卡滋
卡滋卡滋卡滋卡滋卡滋卡滋
卡滋 卡滋
卡滋 卡滋
好硬
吞不下去
我咬呀咬呀
佛羅倫斯的最後一餐是個敗筆

井上先生的旅行相簿

當然要騎一下囉。

廣場上發現有旋轉木馬。

百花聖母教堂前拍一張吧！

市場好大呀！
幾乎什麼都有得賣。

不好意思，打擾了。

肉也好多。

起司好多。

還有牛肝蕈也很多。

番茄和朝鮮薊也都好多喲。

漫步在佛羅倫斯街頭的人 100% 應該都是觀光客吧？遊客如織，感覺就是觀光勝地。治安好、購物也很方便，當然值得看的景點也很多，我很推薦。

舊橋上。
大白天很熱鬧。

不過到了傍晚就會像這樣關上木板門，很有味道吧。

嘻嘻。據說摸摸你的鼻子就能重遊佛羅倫斯，是嗎？什麼？要我把錢幣從頭頂滑進腳底下的洞裡？哪裡有洞？

把錢幣放進嘴裡不被水沖掉，就會變成有錢人，是真的嗎？這裡有很多的傳說。

在牆上和澎湃先生合拍。
拜託，不要讓我擺出奇怪的姿勢啦。

不管從哪裡看，舊宮都很醒目。

領主廣場前的大衛像。據說米開朗基羅作的真跡收藏在學院畫廊裡。

啊，那個雕像，是真的嗎？

碧提宮。據說從這裡到烏菲茲美術館有一條梅第奇家族專用的通道「瓦薩利走廊」。

我們沒進去烏菲茲美術館。這裡有很多畫肖像畫的攤位和街頭藝人，很熱鬧。

正當納悶時，雕像優雅地動了起來，原來是真人，嚇了我一跳。

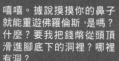

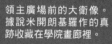

聽說小木偶的作
者也是佛羅倫斯
人。街頭到處都
可見到小木偶，
我和澎湃先生也
混在它們裡面。

午餐吃外帶的披薩。擺滿了生披薩，
可自行挑選。

我和 SUZU 編輯一
起讓人畫肖像畫。
好睏呀～

橋上吃披薩，別有一番情趣。

紅瓦圓寶蓋，
令人印象深刻
的大圓頂。夕
陽照射下，一
定很美吧。

佛羅倫斯的象徵「主座教堂」。
右邊的高塔，是喬托設計的鐘樓。

原來如此，
這就是「天堂之門」呀。

主座教堂周邊擠滿了人，
那邊是在幹嘛呢？

7 SETTE

第七天
再會，佛羅倫斯。
日安，威尼斯

第七天
佛羅倫斯最後的早晨
醒來
也將跟五星級高級飯店告別了，真是遺憾
刷呀
刷呀
既然是最後高級享受，那就吃根香蕉吧
然後打包行李…
還沒打開的迎賓香檳。
結果竟忘了開自己房間裡的酒…
…
拿到威尼斯的飯店再喝
帶走吧！
早安
是這樣子，到威尼斯的火車中午才開，所以上午沒有行程，有沒有哪裡還沒去觀光的呢？
因為是在佛羅倫斯的最後時光，有沒有想去的地方？
既然這樣，可以去參觀主座教堂裡面嗎？還有觀景台，好像可以爬上去吧
反正不遠
應該很適合打發時間吧
簡單說明
主座教堂其實並非該建築物的名稱，而是指當地的大教堂。義大利各地還有其他的主座教堂。佛羅倫斯的主座教堂正式名稱為百花聖母教堂。
於是我們將行李寄放在櫃台，出發前往主座教堂

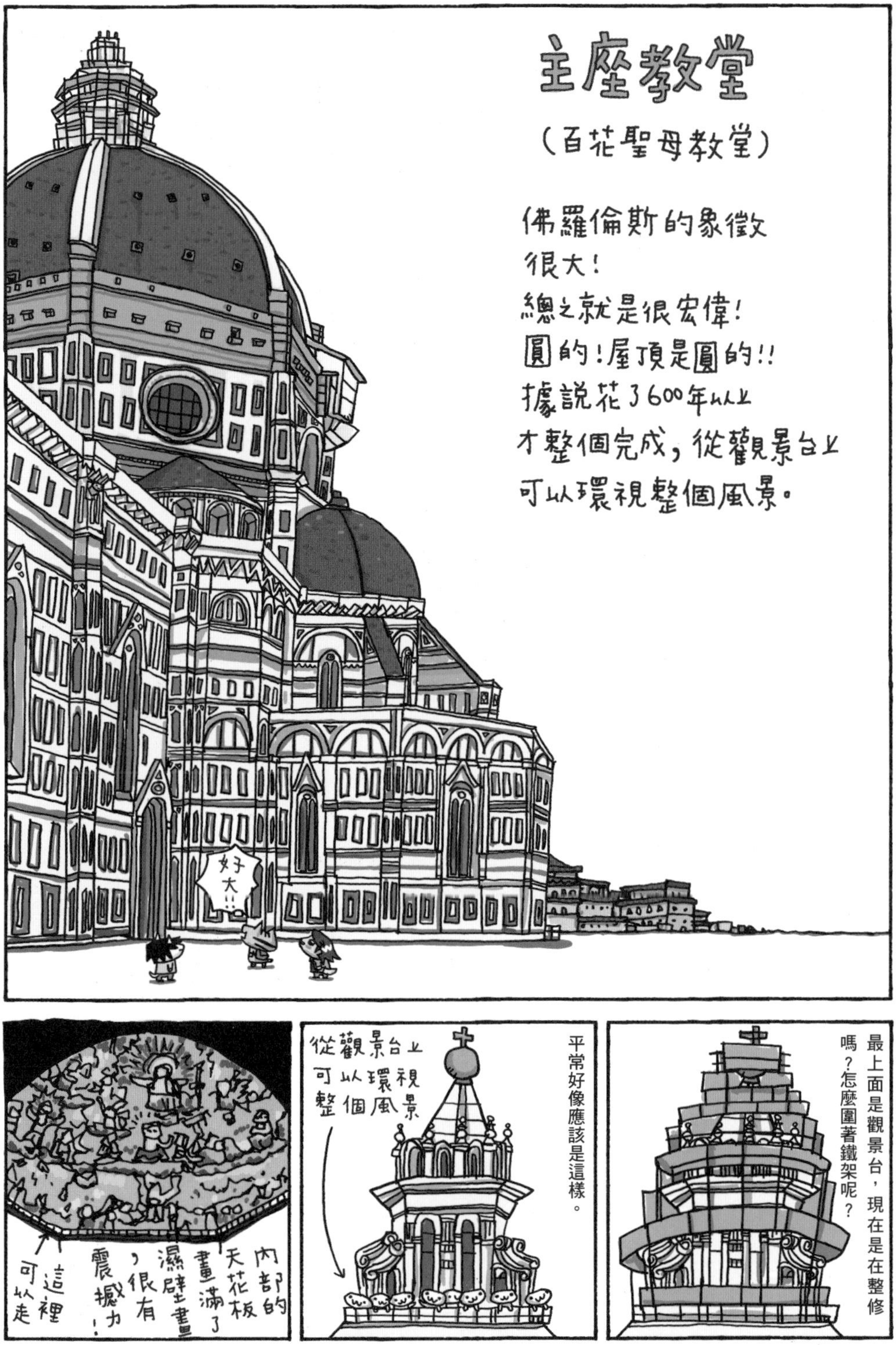
主座教堂
（百花聖母教堂）
佛羅倫斯的象徵
很大！
總之就是很宏偉！
圓的！屋頂是圓的！！
據說花了600年以上
才整個完成，從觀景台上
可以環視整個風景。
好大！！
內部的天花板畫滿了濕壁畫，很有震撼力！
這裡可以走
從觀景台上可以環視整個風景
平常好像應該是這樣。
最上面是觀景台，現在是在整修嗎？怎麼圍著鐵架呢？

Ingresso Cupola
Entrance to the Dome
整修中？但因為還是可以上去，就決定爬上頂樓
進入建築物裡，在昏暗的櫃台前付費……
陰森
然後來到一條感覺有些可怕、散發出詭異氛圍的樓梯前
陰森森～
……
這是古堡迷宮嗎!?
好可怕
鬼影幢幢
任務開始
啦啦啦——♪
我們上頂樓去!!
通往頂樓的階梯是螺旋狀，必須一路往上爬，該如何形容這條通路呢……
樓梯好窄!!
好窄
好窄
?好窄
而且往上往下都是同一條通路，所以如果遇到下樓的觀光客…
Fight!!
噹噹噹…噹…!
大家好
觀光客下來
對打
逃跑
擦身而過
打招呼
甚至連擦身而過都很難
擠來擠去
Oh
Sorry
鐘樓內偶爾會有像小洞一樣的窗子開著，閉塞的感覺令人喘不過氣來
呼
呼
呼

再加上階梯迴旋而上，除了爬得很累，身體也覺得越來越不舒服
害我馬上就變成這樣~
澎湃野吉 HP 4 MP 6
哈 哈 哈
哈
呼呼
氣喘
不過還是繼續努力爬了約20分鐘
噠
終於到達頂樓
哇—
一行人幾乎快掛了
咕嚕
咕嚕
我已經不行了
沒想到會這麼吃力
不過努力是有代價的！
哇…
哇…
景色太棒了
好美喲
咚—
因為爬上來的時間超過預期…
好了，我們該下去了
太快了吧
蝦密？結束了？
往下走往下走往下走…
天啊
往下走往下走…
偶爾也會有比較寬闊的地方
哇…
真的嗎

古堡迷宮探險成功!!
Ingresso Cupola
Entrance to Dome
哇~
啊!
垂頭喪氣
糟了，去威尼斯的火車還有40分鐘就要開了
什麼
天啊!!
行李還寄放在飯店
原本想打發空檔的，卻把趕車的時間也給打發掉了。真是要命，時間緊迫，三個人氣急敗壞，這次的旅行老是遇到這種狀況，但我們還是為了前往威尼斯，努力衝向火車站，Let's go！
佛羅倫斯車站
好不容易趕上了，井關老弟前去確認班次…
噠噠噠
呼
不知道有沒有趕上
唉呀…聽說開往威尼斯的火車誤點了，還沒到
太好了、太好了
就是說嘛，太幸運了。那就到店裡買些披薩在月台或火車上吃吧
因為沒有時間出去用餐了…
啊，也對，就那麼做吧♪
那我去洗手間一下♪
那我去買車票♪
沙
沙
嗄?
只剩一人

這是怎樣!?
只剩我一個人顧行李嗎?
即便來義大利已經7天了，自己一個人被丟下還是陷入恐慌的人
不會吧
盯著看一
驚嚇
盯著看
驚嚇
好奇怪喲！每個人都在盯著我們的行李!!
天啊——想太多
嗯?
奇怪
那傢伙也很怪!
那個人也是可惡的傢伙~
緊張
背面完全失守，不怕被偷嗎?
在車站裡的小店買披薩
這個不錯
那個也不錯
嗯，
外帶!
Pizza
熱騰騰的
在月台上吃
像這樣站在月台吃東西，很有旅行的感覺也不錯嘛！不用急。
達達達
糟糕！大家太放鬆了。火車要開了！大家趕快向前衝！
蝦密！
天啊，趕死我們了。結果差一點就沒趕上火車。老實說，每次都像這樣趕時間恐怕是趕時間的神明喜歡上我們之中的某人吧？趕時間的神明…不用說，大家也知道是誰吧
車一轉
FIRENZE S
安全上壘
好危險呀~
就這樣搭了三個小時的火車……
米蘭
威尼斯
佛羅倫斯
羅馬
拿坡里
卡布里島
抵達水都威尼斯
FS
一走出車站…
哇
!!

水都威尼斯
咚—
撲通撲通
第一次看到會以為房子蓋在水中間而嚇一跳。威尼斯一如水都之名，整個城市裡面都是迷宮般的運河水道，所以到處都是水汪汪的一片。
啪嚓
淹水了
無言
在一眼望去都是水的威尼斯裡幾乎看不到汽車，主要移動工具是水上巴士和水上計程車
我們先搭水上計程車去飯店吧
啪將啪將
TAXI
像雪橇的底板
水上計程車想像圖
外型應該很炫吧♪
結果只是汽船，想一想也對。
咚—
TAXI
哇塞，這真是太帥了
好快樂喲♪
啦啦啦～
吧…吧…吧…吧…吧

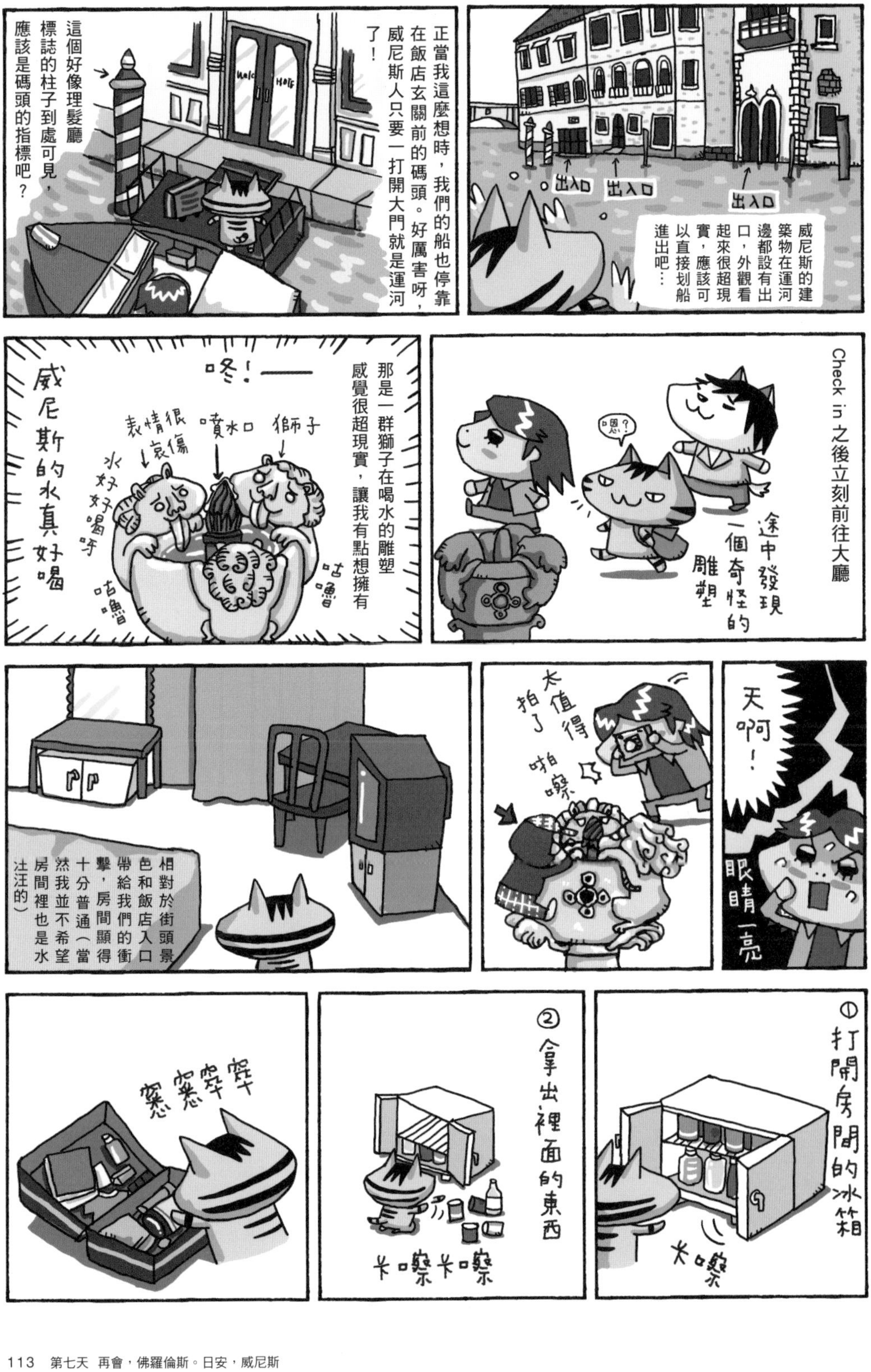

威尼斯的建築物在運河邊都設有出口，外觀看起來很超現實，應該可以直接划船進出吧…
出入口
出入口
出入口
正當我這麼想時，我們的船也停靠在飯店玄關前的碼頭。好厲害呀，威尼斯人只要一打開大門就是運河了！
這個好像理髮廳標誌的柱子到處可見，應該是碼頭的指標吧？
Check in之後立刻前往大廳
嗯？
途中發現一個奇怪的雕塑
那是一群獅子在喝水的雕塑感覺很超現實，讓我有點想擁有
咚！——
獅子
噴水口
表情很哀傷
水好好喝呀
咕嚕
咕嚕
威尼斯的水真好喝
天啊！
眼睛一亮
太值得拍了
啪嚓
相對於街頭景色和飯店入口帶給我們的衝擊，房間顯得十分普通（當然我並不希望房間裡也是水汪汪的）
①打開房間的冰箱
卡嚓
②拿出裡面的東西
卡嚓卡嚓
窸窸窣窣

這就開始了
威尼斯的街頭
散步
GO!
到外面去的出口和碼頭是不同的門，所以可以用走的
③放進自備香檳酒
將其他飯店的香檳酒放進另一家飯店裡的冰箱準備冰來喝，這就是澎湃野吉打的如意算盤
呵呵呵
咚——
BRUT IMP
MOËT &
聖馬可廣場
威尼斯的觀光名勝
寬闊的廣場上
並列著美麗的建築
聖馬可教堂
鐘樓
是不是拿破崙看到這個廣場時
這應該是世界最美的廣場吧？
曾經說過…
口耳相傳之下，來到廣場的觀光客自然多得嚇死人!!
而且鴿子也很多!!
咕咕
咕咕
咕咕
甚至有的人（？）已看不出來到底是人還是鴿子了？
啪啪啪
Oh
上野公園
？
天氣也很冷
咻——
於是我們決定走進附近的塔樓裡避風
好冷喲～
那就進去那裡面吧
鐘樓
很高，居高臨下可以俯瞰整個廣場
高度96.8m
上面好像有個金色的人像
搭電梯上去一下子就能攻頂，跟爬上佛羅倫斯的主座教堂完全不一樣
耶!
真輕鬆

上面的風景也是漂亮得不得了!!
哇啊—
哇啊—
但還是很冷
咻～
直接被寒風吹得更慘
我們只好立刻撤退
冷…
冷…
暫時停止觀光，走進聖馬可廣場的咖啡廳，點了熱巧克力來喝
香醇濃稠的熱巧克力
水（用來解膩？）
這種餅乾很好吃
好冷呀！這種時候最適合在咖啡館喝熱飲了♪
感覺暖烘烘的
說的也是。♪這種熱巧克力又香又濃又好喝。我就是喜歡這種濃得化不開的甜滋味。
咕嚕
咕嚕
咕嚕
咕嚕
咕嚕
對了，趁現在閒著沒事，問說晚餐要怎麼解決？是不是要用電話預約哪間餐廳呢？
說的也對，那就先預約吧
因為今天的行程很鬆散，一下子時間很多一下子又很趕，搞得人仰馬翻的累死人。因此我們決定晚餐有計畫地先預約好。
因為身體也變暖和了，晚餐之前便開始逛街
GUETTA
橋附近有很多賣名產的商家
這裡的名產是玻璃和面具
威尼斯的小晶筆

橋上欄杆站滿了人…
都是人
橫跨運河的堅固大橋
里奧托橋
Veronese
TAXI
TAXI
肚子好餓喲~
啊，快到預約的時間了。因為從這裡走過去大約10分鐘，我們慢慢散步過去吧
從那裡可以眺望最具威尼斯特色的運河美景
感傷
UniCredi
前進！前進！
這是什麼東東？
往餐廳出發♪
SOOVEN TABACO
今天要吃什麼呢~
請問〇〇餐廳在哪裡？
不知道
咬你哦
不知道嗎
前進！前進！前進！
…

到底在哪裡？
咕
咕
咕～
由於威尼斯的運河盤錯，使得街道變得很複雜，很容易迷路。不過我們在其他都市也常常迷路就是了……
一個半小時後…
找到了!!
終於發現
已過了預約時間
肚子餓扁了
既然是水都威尼斯，當然要吃海鮮。相信一定有許多亞得里亞海捕撈的新鮮海產等著我們
新鮮!
肚子好餓喲
嘰哩
咕嚕
嘰哩
咕嚕
我要這個還有這個還有這個還有這個
海鮮大餐!
醋溜沙丁魚
烤花枝
烤河豚
海鮮義大利麵
章魚沙拉
墨魚燉飯
哇！我先嘗一口墨魚燉飯
太好吃了!!
卡滋
卡滋
卡滋
卡滋
卡滋
花枝好吃
河豚好吃
章魚好吃
新鮮的海鮮最棒了
接下來是威尼斯的第二天

井上先生的旅行相簿

就此跟佛羅倫斯告別，一路開往威尼斯。

爬上主座教堂的大圓頂。
途中會遇到一些小窗口。

水豚先生似乎
也依依不捨。

爬完 463 個階梯已累壞了，
但從頂樓眺望的風景令人感動。

哦！千萬別忘了
吃午餐。

因為移動的期間很閒，澎湃先生說要幫我畫肖像畫。

雖然在照片和電視上看
過威尼斯，但畢竟是百聞
不如一見。這裡好像主題
公園一樣……漂亮得不
像是真實世界。

搭水上計程車去飯店，
可惜遇到下雨，不過也
別有一番風情。

不管看往哪裡，都美得像幅畫，
漂亮得不像是真實世界。

抵達威尼斯！
哇，一走出車站，
眼前就是開闊的運河。

飯店大廳的獅子。
請問這裡的水
有那麼好喝嗎？

立刻前往聖馬可廣場。

聖馬可教堂
感覺有種異國風味。

鐘樓，要上去嗎？

到達鐘樓頂層。
搭電梯馬上就能攻頂，文明真是偉大呀！

不愧是「水都」，
不管往哪個方向看都是水，
當然也能俯瞰整個廣場。

難得來此，大家拍張紀念照。

喝杯熱巧克力休息一下。
好好喝喲！

里奧托橋任何時間
都是成串的人群，
跟粽子一樣。

哇！這就是有名的鳳尾船呀！

當然我也要上橋
看一看，風景實
在太美了！

充分遊走過威尼斯交錯的巷道後，
好不容易抵達餐廳。

不論是葡萄酒還是菜色都好吃得沒話說。威尼斯太棒了！

8OTTO

第八天
慕拉諾島的不會碎玻璃和鳳尾船

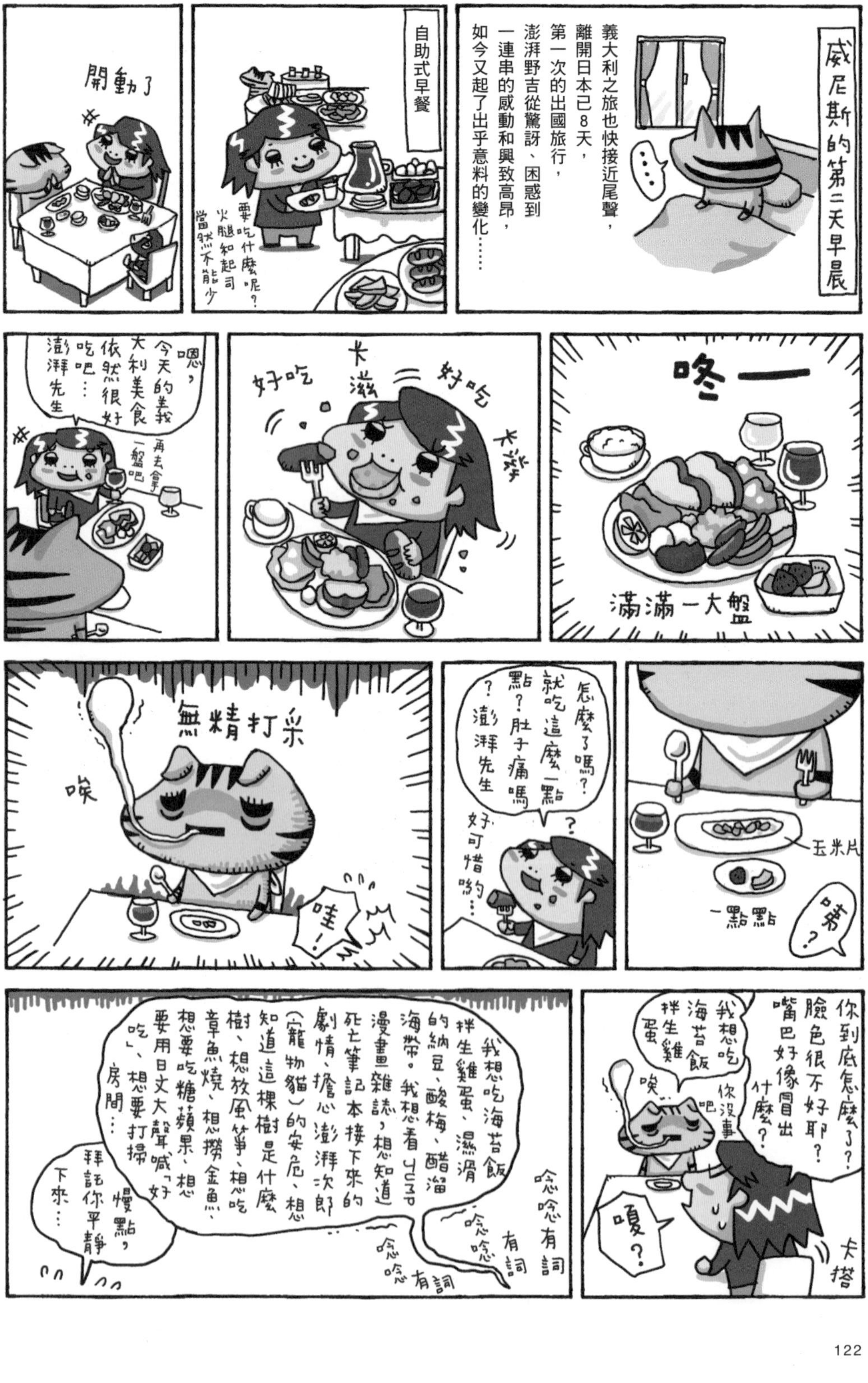
威尼斯的第二天早晨
義大利之旅也快接近尾聲，離開日本已8天，第一次的出國旅行，澎湃野吉從驚訝、困惑到一連串的感動和興致高昂，如今又起了出乎意料的變化……
……
自助式早餐
要吃什麼呢？火腿知起司當然不能少
開動了
咚—
滿滿一大盤
好吃
卡滋
好吃
卡滋
嗯，今天的義大利美食依然很好吃吧…澎湃先生
再去拿一盤吧
咦？
玉米片
一點點
怎麼了嗎？就吃這麼一點點？肚子痛嗎？澎湃先生
？
好可惜喲…
無精打采
唉
哇！
你到底怎麼了？臉色很不好耶？嘴巴好像冒出什麼？
我想吃海苔飯拌生雞蛋
唉…
你沒事吧
嘎？
卡搭
我想吃海苔飯拌生雞蛋、濕滑的納豆、酸梅、醋溜海帶。我想看JUMP漫畫雜誌，想知道死亡筆記本接下來的劇情，擔心澎湃次郎（寵物貓）的安危，想知道這棵樹是什麼樹，想放風箏，想吃章魚燒，想撈金魚，想要吃糖蘋果，想要用日文大聲喊「好吃」，想要打掃房間…
唸唸有詞
唸唸有詞
唸唸有詞
慢點，拜託你平靜下來…

看來他是得了思鄉病!!
噹!
接下來怎麼辦？還要不要觀光威尼斯…
相撲選手
唉~
威尼斯最有名的就是玻璃，因此今天要去參觀玻璃工藝知名的慕拉諾島
聽說還能參觀工廠
像這樣子嗎?
唉~
搭乘水上巴士前往慕拉諾島
吧吧吧吧吧
坐在水上巴士，風迎面吹來，感覺很興奮
#
…
慕拉諾島
一到達島上，等著接待觀光客人的歐吉桑便迫不及待帶我們去參觀工廠。真不愧是玻璃工藝之島
FORNACE
請進
工廠裡面好熱~
熱~烘烘
熱烘烘
熱烘烘
到底有多熱呢？
這裡是…
汗水流不停…
熱到井上先生都要著火了
快燒起來了
天啊！井上先生熱壞了。
熱烘烘
熱烘烘

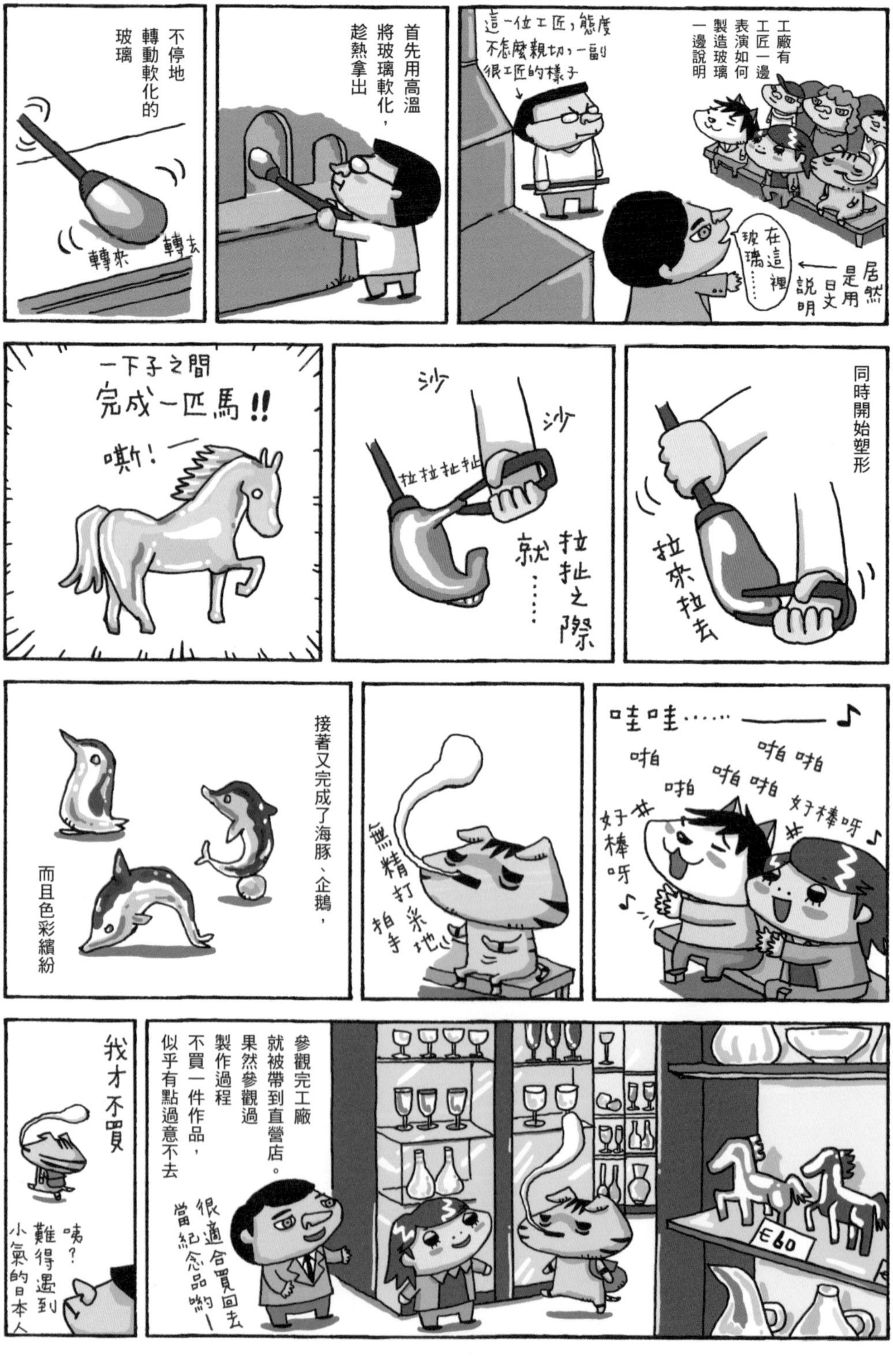
工廠有工匠一邊表演如何製造玻璃一邊說明
這一位工匠，態度不怎麼親切，一副很工匠的樣子
在這裡玻璃……
居然是用日文說明
首先用高溫將玻璃軟化，趁熱拿出
不停地轉動軟化的玻璃
轉來
轉去
同時開始塑形
拉來拉去
沙
沙
拉拉扯扯
就在拉扯之際……
一下子之間
完成一匹馬!!
嘶！
哇哇……——♪
啪
啪
啪啪
啪啪啪
好棒呀♪
好棒呀♪
無精打采地拍手
接著又完成了海豚、企鵝，
而且色彩繽紛
參觀完工廠就被帶到直營店。
果然參觀過製作過程不買一件作品，似乎有點過意不去
很適合買回去當紀念品喲—
€60
我才不買
咦？難得遇到小氣的日本人

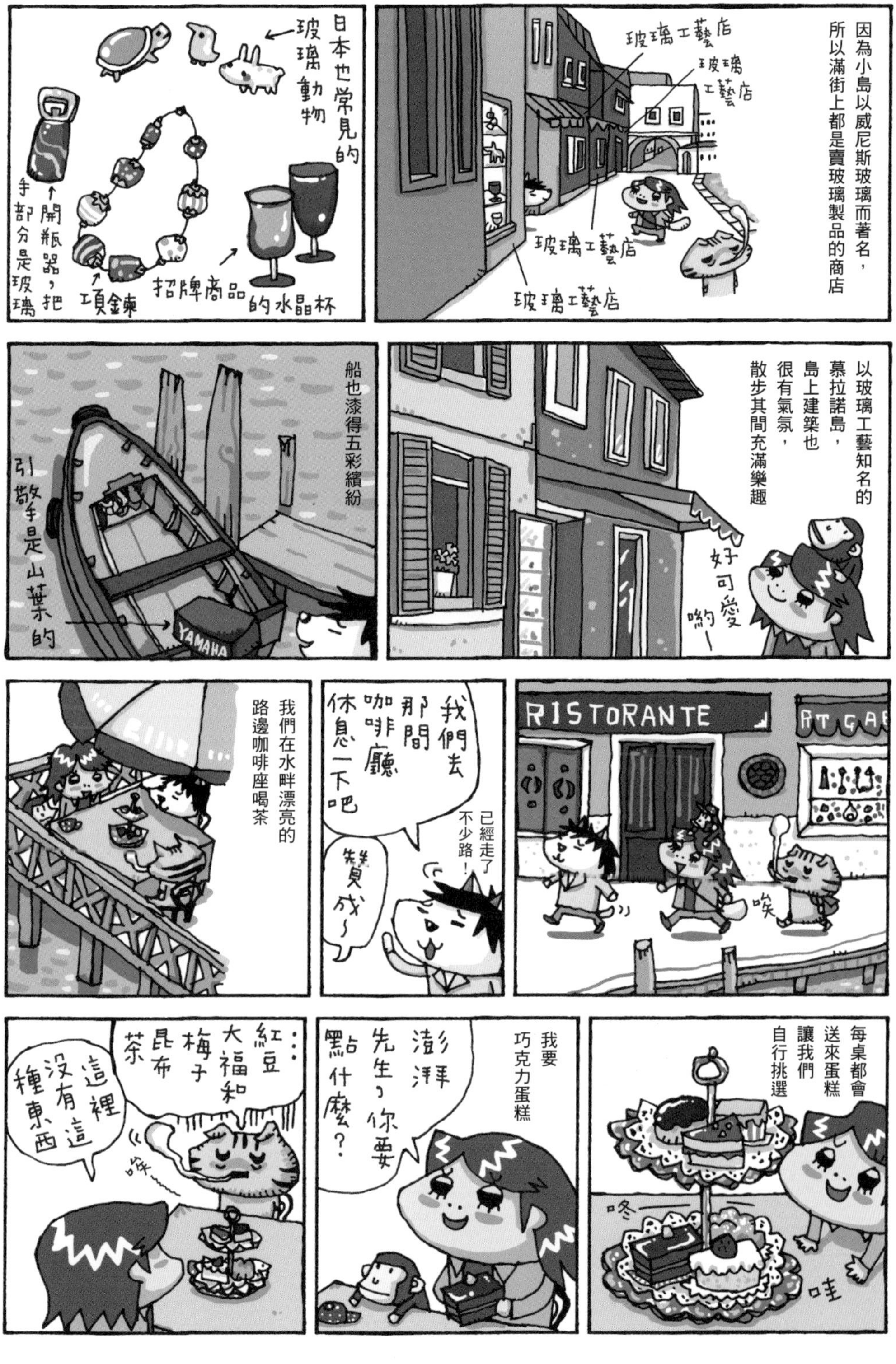
因為小島以威尼斯玻璃而著名，所以滿街上都是賣玻璃製品的商店
玻璃工藝店
玻璃工藝店
玻璃工藝店
玻璃工藝店
日本也常見的玻璃動物
開瓶器，把手部分是玻璃
項鍊
招牌商品的水晶杯
以玻璃工藝知名的慕拉諾島，島上建築也很有氣氛，散步其間充滿樂趣
好可愛喲～
船也漆得五彩繽紛
引擎是山葉的
YAMAHA
RISTORANTE
唉
我們去那間咖啡廳休息一下吧
已經走了不少路！
贊成～
我們在水畔漂亮的路邊咖啡座喝茶
每桌都會送來蛋糕讓我們自行挑選
咚
哇
我要巧克力蛋糕
澎湃先生，你要點什麼？
紅豆大福和梅子昆布茶⋯
這裡沒有這種東西
唉～

島內也有綠意盎然的公園
咦？澎湃先生跑去哪了？
上廁所嗎？
他在那裡盪鞦韆
盪鞦韆？
待我觀來
嘰
嘰
唉
愁眉苦臉
嗯？
難道被裁員了!!
他父親的公司出了什麼事嗎？
難得來到威尼斯玻璃的大本營，再多逛一家玻璃工廠吧
VETRERIA
FURNACE GLASS
陰沉沉地，又很破舊
沒有現場表演，工廠旁邊就是破舊的直營店。比起第一家參觀的工廠，這裡就像是清倉貨一樣，商品布滿了灰塵，一點也不像是要做生意的樣子。不過各位客官，搞不好在這種地方才會挖到寶喲
隨便擺放的玻璃器皿
到處都是灰塵
正想挑些回去當作紀念品時……
噹！
嚇一跳
發生什麼事？
好大的聲音
轉頭一看
？

噹
噹
噹
!!
噹噹噹噹
花瓶
來呀
來呀
嘎！
蝦密
好可怕
嘰哩咕嚕
嘰哩咕嚕
嘰哩咕嚕
嘰哩咕嚕
嘰嚕咕嚕
嘰嚕咕嚕
橫眉豎眼
他說他們的玻璃很堅固摔不破，很厲害吧
噹噹
無言
哦！原來如此
好個激動的傢伙呀
玻璃就是要能打破才好玩呀
唉
噹噹
嘰哩咕嚕
嘰嚕咕嚕
噹
噹
噹
該回本島了！
怎麼樣呢？澎湃先生有沒有找到可以畫成遊記的題材呢？
之後回到本島吃午飯。白酒蛤蜊義大利麵很好吃！飯後還去搭了有名的那個……
小口小口
大口大口
吱吱吱

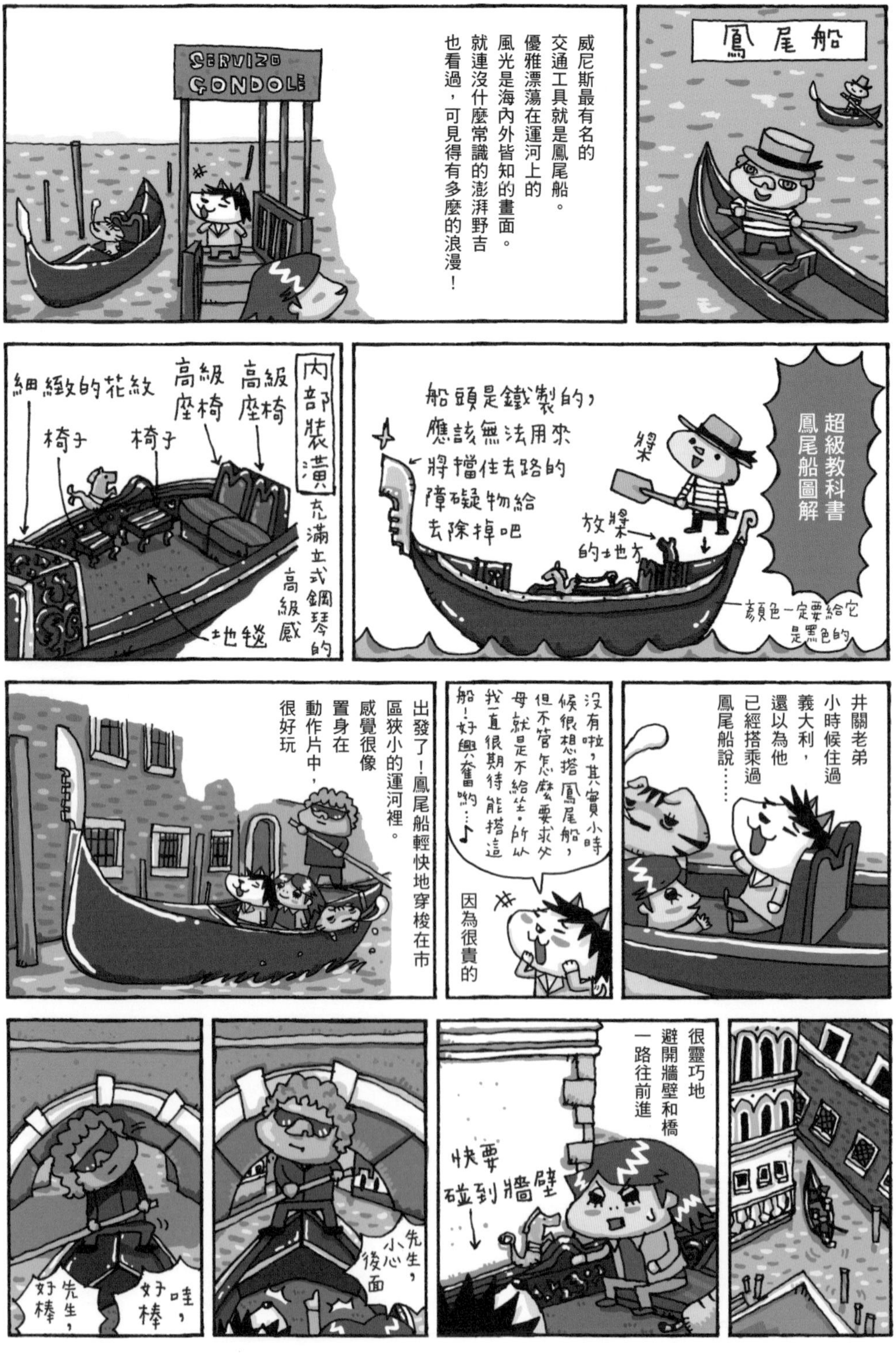
鳳尾船
SERVIZO GONDOLE
威尼斯最有名的
交通工具就是鳳尾船。
優雅漂蕩在運河上的
風光是海內外皆知的畫面。
就連沒什麼常識的澎湃野吉
也看過，可見得有多麼的浪漫！
超級教科書
鳳尾船圖解
船頭是鐵製的，應該無法用來將擋住去路的障礙物給去除掉吧
槳
放槳的地方
顏色一定要給它是黑色的
內部裝潢
充滿立式鋼琴的高級感
高級座椅
高級座椅
椅子
椅子
細緻的花紋
地毯
井關老弟小時候住過義大利，還以為他已經搭乘過鳳尾船說……
沒有啦，其實小時候很想搭鳳尾船，但不管怎麼要求父母就是不給坐。所以我一直很期待能搭這船！好興奮喲……♪
因為很貴的
出發了！鳳尾船輕快地穿梭在市區狹小的運河裡。
感覺很像置身在動作片中，很好玩
很靈巧地避開牆壁和橋一路往前進
快要碰到牆壁
先生，小心後面
哇，好棒
先生，好棒

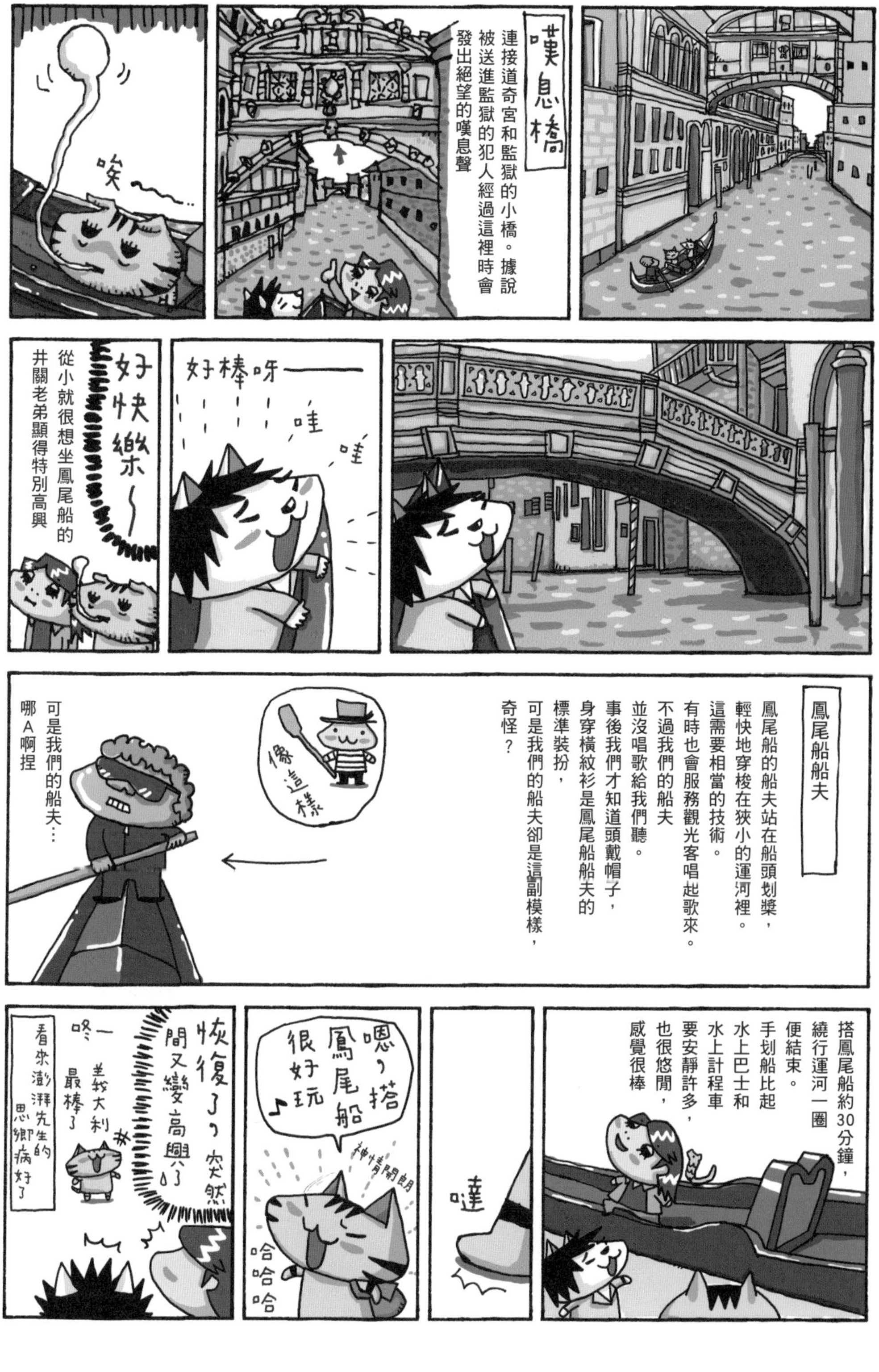
嘆息橋
連接道奇宮和監獄的小橋。據說被送進監獄的犯人經過這裡時會發出絕望的嘆息聲
唉～～…
好棒呀——
哇
哇
好快樂～
從小就很想坐鳳尾船的井關老弟顯得特別高興
鳳尾船船夫
鳳尾船的船夫站在船頭划槳，輕快地穿梭在狹小的運河裡。這需要相當的技術。有時也會服務觀光客唱起歌來。不過我們的船夫並沒唱歌給我們聽。
事後我們才知道頭戴帽子，身穿橫紋衫是鳳尾船船夫的標準裝扮，可是我們的船夫卻是這副模樣，奇怪？
像這樣
可是我們的船夫…
哪A啊捏
搭鳳尾船約30分鐘，繞行運河一圈便結束。手划船比起水上巴士和水上計程車要安靜許多，也很悠閒，感覺很棒
噠
嗯，搭鳳尾船很好玩
神情開朗
哈哈哈
恢復了，突然間又變高興了
咚—
義大利最棒了
看來澎湃先生的思鄉病好了

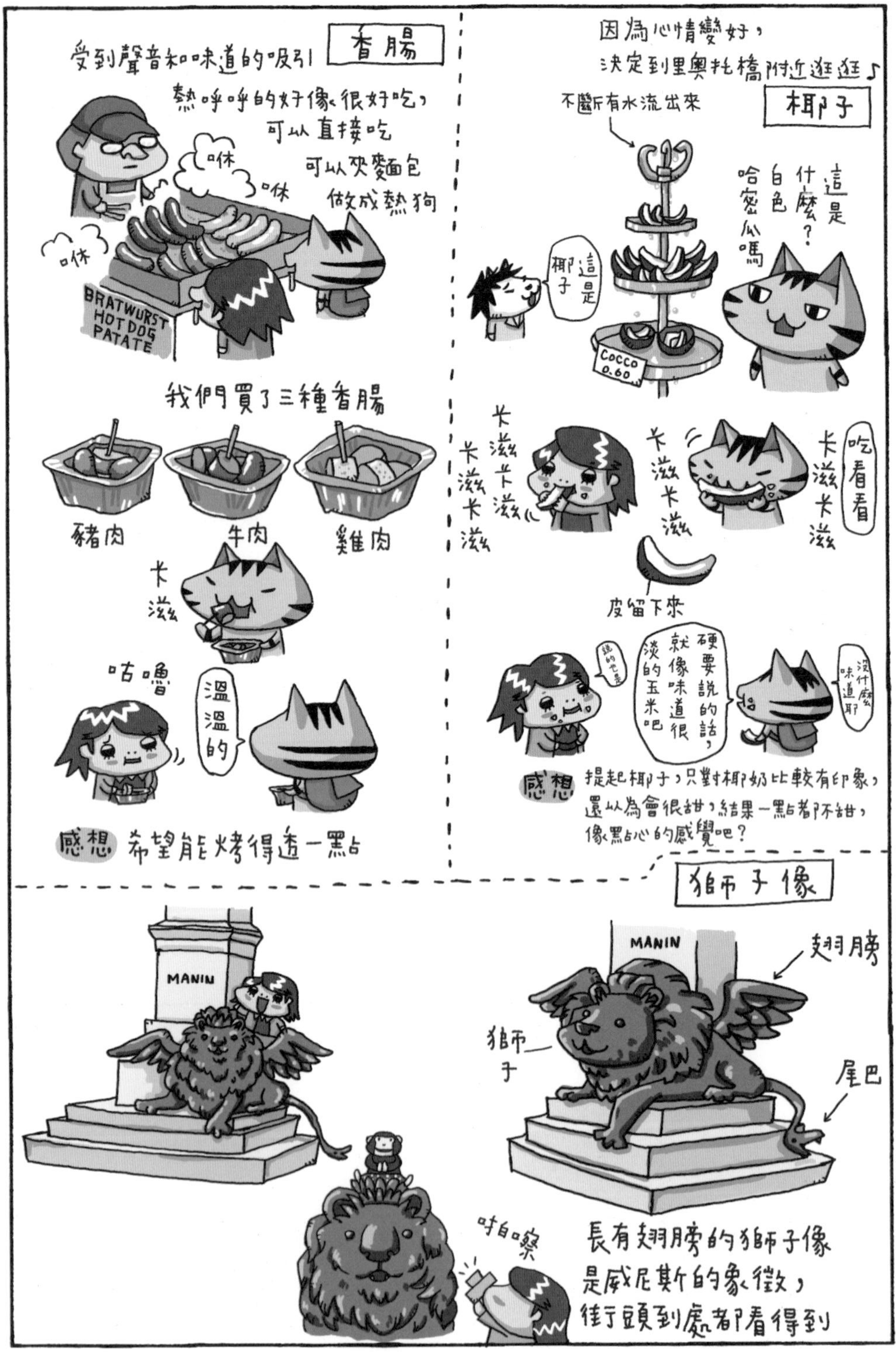
香腸
受到聲音和味道的吸引
熱呼呼的好像很好吃，
可以直接吃
可以夾麵包
做成熱狗
咻
咻
咻
BRATWURST
HOTDOG
PATATE
我們買了三種香腸
豬肉
牛肉
雞肉
卡滋
咕嚕
溫溫的
感想 希望能烤得透一點
因為心情變好，
決定到里奧托橋附近逛逛♪
椰子
不斷有水流出來
這是什麼？
白色哈密瓜嗎
這是椰子
COCCO 0.60
卡滋卡滋
卡滋卡滋
卡滋卡滋
吃看看
卡滋卡滋
皮留下來
硬要說的話，就像味道很淡的玉米吧
說的也是
沒什麼味道耶
感想 提起椰子，只對椰奶比較有印象，還以為會很甜，結果一點都不甜，像點心的感覺吧？
獅子像
MANIN
MANIN
翅膀
獅子
尾巴
咔嚓
長有翅膀的獅子像
是威尼斯的象徵，
街頭到處都看得到

甜點
有巧克力、烘焙類的點心等許多種
也有加入堅果的各種巧克力
巧克力磚也很棒
烘焙類的點心很好吃
魚狀的巧克力
威尼斯名產面具巧克力
這是什麼
哦，那是牛軋糖
將堅果放進蛋白霜和麥芽糖裡做成甜點，很好吃
哦，那我要買這個♪
拿回去當作名產送人
我沒記錯的話，牛軋糖應該是法國的才對
無言
明天將前往米蘭
漂亮的義大利皮革記事本
外殼和繩子都是皮製
用皮繩纏好後拿著走
紙張也是手工的
書籤
老闆拿出他愛用的記事本給我們看
嘰哩呱啦
用久了會變成這樣
嶄新的
用舊的
顏色和光澤都變得完全不一樣
用舊的感覺和光澤都很棒
哇，好棒喲
那我要這本舊的
你自己想辦法用舊吧，那是老闆自己的
真是有夠麻煩的傢伙
買了一本♪

井上先生的旅行相簿

今天搭水上巴士去慕拉諾島。從聖馬可廣場的碼頭搭船，大約15分鐘。

從水上巴士看到快速划行在海上的當地船隻。不愧是靠海的民族。

嗯，感覺很舒服。咦？澎湃先生呢？

抵達慕拉諾島。

被玻璃工廠的歐吉桑說「你會被燒掉不能進去」。真是受到很大的刺激！不過沒被燒掉真好，呵呵呵～

島上的商店幾乎都在賣玻璃製品。聽說威尼斯玻璃很耐用。

慕拉諾島很悠閒，是一個讓人感覺很幸福的小島。有很多玻璃工廠都有現場表演，到處逛逛應該很好玩。

好悠閒呀！整個
小島都是這種慵
懶舒暢的感覺。

每戶人家的外觀都很可愛。

天啊！這戶人家
陽台上的花居然
都是玻璃做的！

澎湃先生，還在
犯思鄉病嗎？接
下來要去搭鳳尾
船了。

搭上鳳尾船，慢慢地划
動，感覺很舒服。左邊
照片正前方就是著名的
「嘆息橋」。坐在鳳尾船
上可以用不同於走在平
地上的角度欣賞風景。

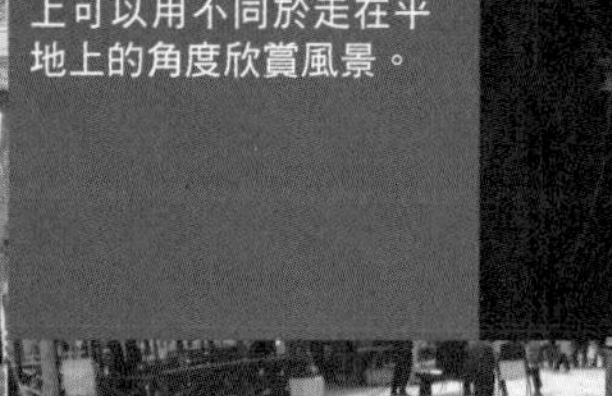

那是什麼？帥哥
船夫的月曆嗎？

賣著各種顏色的
義大利麵。也有
粉紅色的，可能
需要一點勇氣才
敢吃吧。

可惜賣的時候看
起來很好吃說。
——香腸。

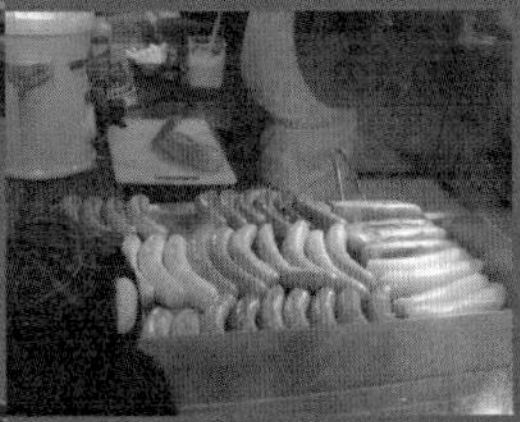

掏腰包買記事本？
也買禮物給我嘛。

威尼斯的水晶筆
也不錯。

看來「水都」要做好跟水的共
存關係也很辛苦！稍微下一點
大雨，廣場就開始淹水了。

據說長著翅膀的威尼斯獅子
是這個城市的守護聖人聖馬
可的象徵，感覺好帥氣呀。

夜景當然也很漂
亮。這是聖母安
康教堂。

9NOVE

第九天
時尚都會米蘭

威尼斯第3天
威尼斯觀光也到了最後一天，上午買完紀念品就要出發前往下一個城市米蘭。首先飯店得 Check out
紀念品、紀念品♪
打包行李
冰箱
咚咚咚咚
…
咚咚咚
卡嚓
又忘了喝
糟糕，很重耶…
怎麼辦
無言
到米蘭再喝吧
留下來太可惜了
到底要拿到哪裡才甘願呢
再見了，超現實的雕塑
吐舌頭
歡迎光臨~
面具
和玻璃製品一樣都是威尼斯最具代表性的紀念品。如果在日本街頭戴著走，肯定馬上就會被逮捕吧。還好也有專門觀賞用的，但是拿來當作裝飾好像也怪怪的。不過既然來了，就決定買來當紀念
手工製作的面具，價格似乎不菲
有各種面具
不知道買哪一個好呢
決定走進店裡，拿在手上比較
靠近一看更能領略裝飾的細緻與精美
哇~
好厲害

也有斗篷
再戴上面具
請
請問這個可以試戴看看嗎？
老闆說可以
這個也不錯
我來瞧瞧
還有這種人
或是這種鳥？
其他也有裝飾花俏、可以炒熱舞會和嘉年華會氣氛的面具⋯
是出現在世界大驚奇裡的人耶!?
好奇怪喲!!
咚—
除了慶典用的面具，這些似乎比較符合征服世界組織需求的面具也令人很感興趣
這簡直就是鐘樓怪人嘛
咚咚咚咚
咚咚咚
不過適合當紀念品的應該只有這些吧
貓
咚—
買了面具
怎麼樣，這個面具
好看嗎？
很適合妳呀
注意！這是澎湃先生

離開水鄉澤國的威尼斯，終於要前往義大利之旅的最後一個城市米蘭
米蘭
威尼斯
慕拉諾島
波隆那
佛羅倫斯
米蘭
米蘭的主座教堂有許多尖塔和細緻的雕刻。設計者肯定不是家庭主婦，因為誰願意打掃呢？雖然容易堆積灰塵但看到這個有很多尖塔和細緻雕刻的建築還是很感動。
好高！超級高。
最上面有個金色的人像
尖塔
尖塔
尖塔
尖塔
整修中（？），正面圍著鷹架和防護網，可惜無法畫出全貌，真是遺憾
米蘭中央車站
米蘭與其說是充滿都會風格的觀光景點，更像是商業都市，例如像這種感覺…
嗯，有點像是紐約的感覺
你只是憑想像吧
又沒有真的去過紐約
很都會風格

叮
嗞
微笑～
飯店 Check in
THE WESTINPAL
嗞
沙
剛剛搭的是這個電梯吧
來去大廳吧♪
放下行李後到樓下大廳集合，一起去觀光吧
那就待會兒見
好
叮
嗞嗞嗞
電梯有這麼破舊嗎
破破
爛爛
嗞嗞嗞嗞
好像不太對
員工專用電梯
嗞嗞嗞
被從後門趕了出去
脖子被拎住
咦
NO～!!
NO～!!
員工休息室
烏煙瘴氣
吞雲
吐霧
嗞嗞
嗞嗞

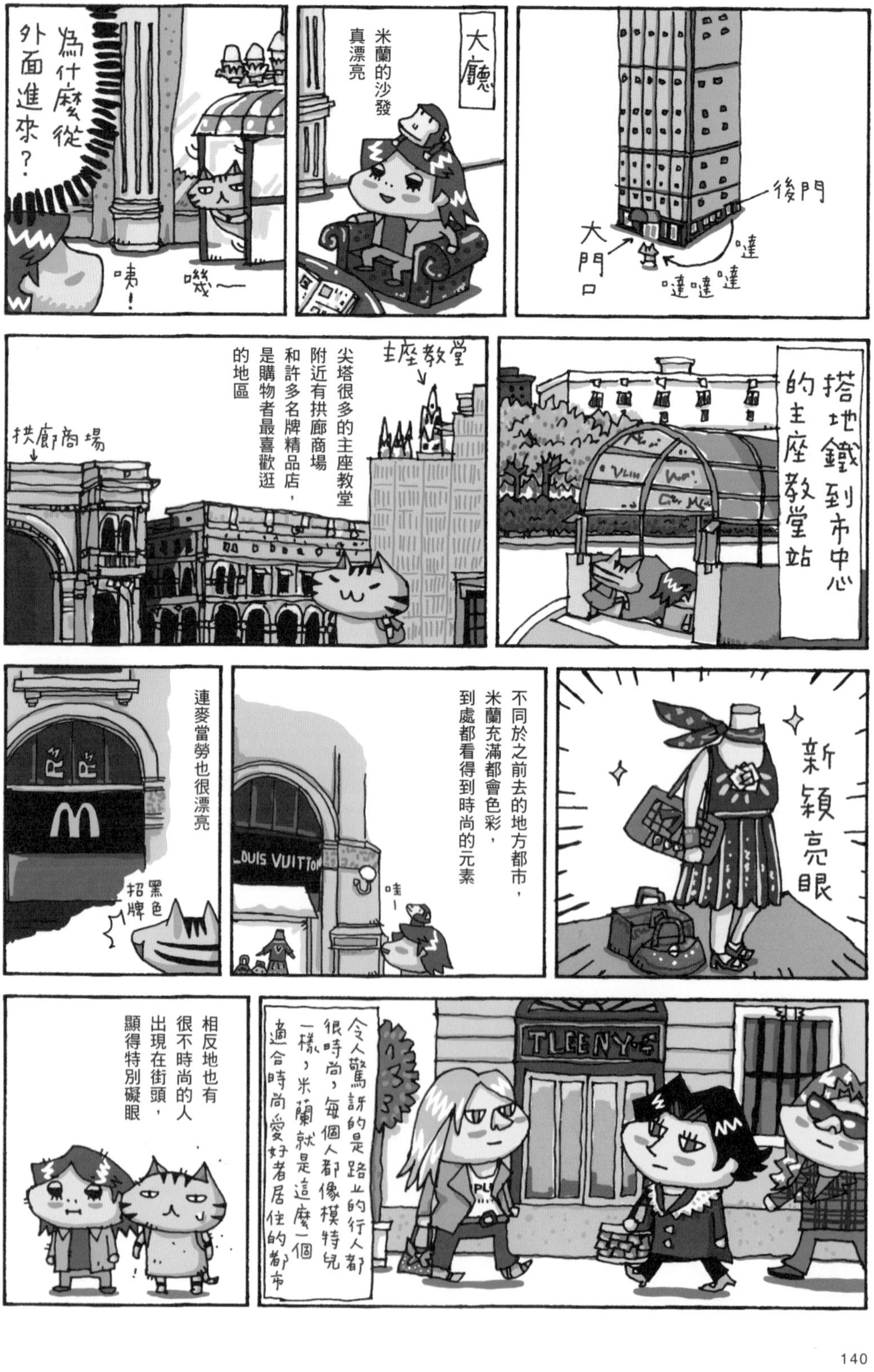

後門
大門口
噠
噠噠噠
大廳
米蘭的沙發真漂亮
為什麼從外面進來？
咦！
噝～
搭地鐵到市中心的主座教堂站
主座教堂
尖塔很多的主座教堂附近有拱廊商場和許多名牌精品店，是購物者最喜歡逛的地區
拱廊商場
新穎亮眼
不同於之前去的地方都市，米蘭充滿都會色彩，到處都看得到時尚的元素
LOUIS VUITTON
哇！
連麥當勞也很漂亮
黑色招牌
令人驚訝的是路上的行人都很時尚，每個人都像模特兒一樣，米蘭就是這麼一個適合時尚愛好者居住的都市
TLEENY
相反地也有很不時尚的人出現在街頭，顯得特別礙眼

時尚男孩井關老弟
我買了名牌包
跟時尚和名牌無緣的兩人
跟米蘭似乎有些格格不入的感覺
哦！
哦！
因為沒辦法
就在一間漂亮的雜貨店
買了一隻漂亮的鴨子
咚
買了漂亮的鴨子
繼續閒逛時
嗯？
哇
哇
因為突然看到人群聚集，不斷發出哇哇哇的叫聲。難道是
店裡面有名人嗎？
哇
哇
原來義大利人也用手機拍照呀！而且從這種騷動情況來看，應該是大明星來了!!
啪嚓
啪嚓
哇
哇
我也要看
我也要看
啊！那個人是!!
哇
哇
哇
咚
嗨
15
哇
哇
哇
他是誰!?
無言
完全不認識—
從來沒看過—
本來還期待可以炫耀說「我在國外遇到大明星了」「真的嗎，澎湃先生，好棒喲」，結果期待落空，真遺憾
唉…就好像聽說「飛輪海要來，跑到屋頂去看，來的卻是浩角翔起一樣，雖然難免有些失望，但他們多少也有些名氣，自然也有粉絲給他們加油打氣叫好…對吧！

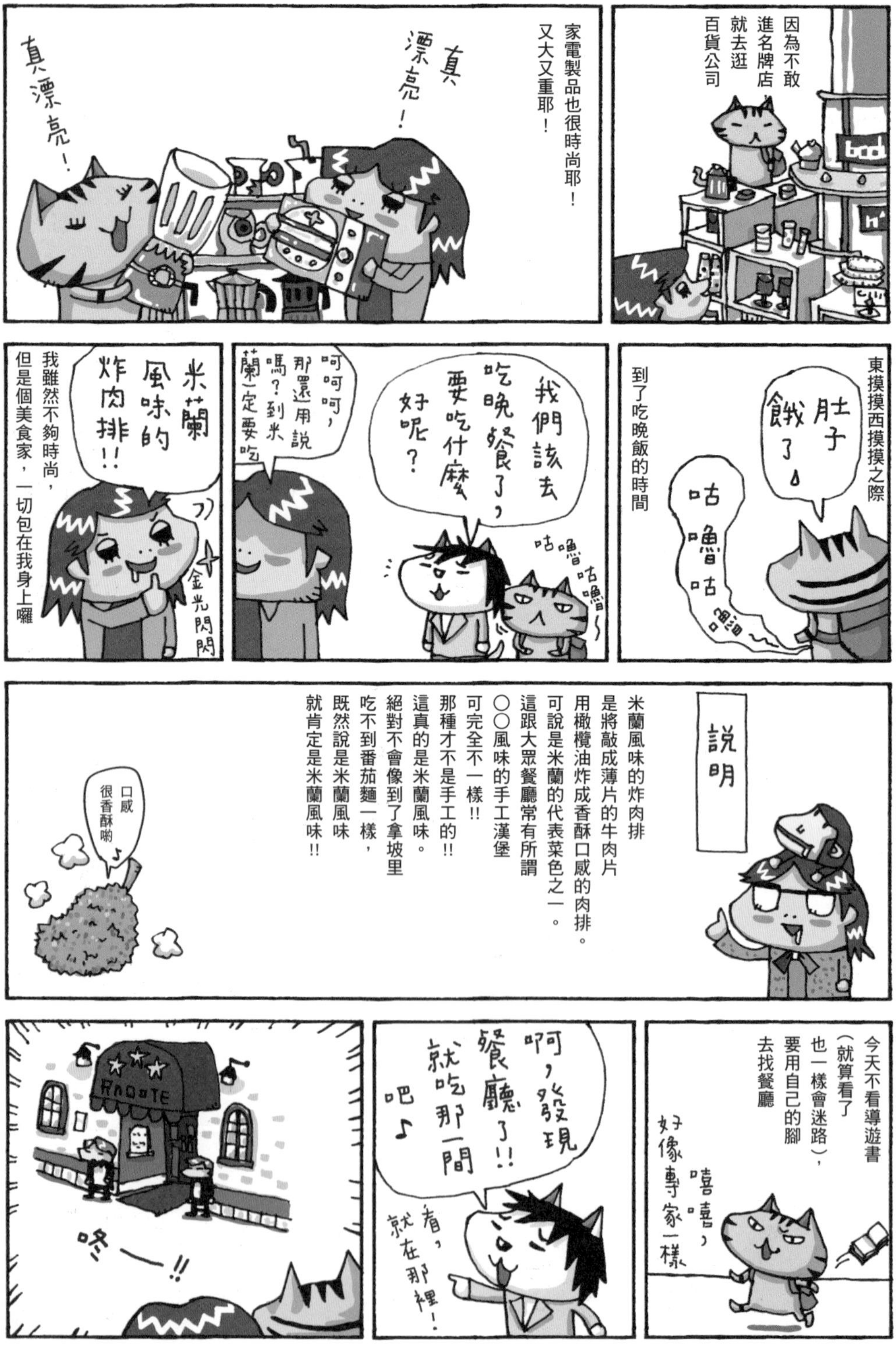
因為不敢進名牌店，就去逛百貨公司
家電製品也很時尚耶！又大又重耶！
真漂亮！
真漂亮！
東摸摸西摸摸之際
到了吃晚飯的時間
肚子餓了。
咕嚕咕嚕~
我們該去吃晚餐了，要吃什麼好呢？
咕嚕咕嚕~
呵呵呵，那還用說嗎？到米蘭一定要吃
米蘭風味的炸肉排!!
金光閃閃
我雖然不夠時尚，但是個美食家，一切包在我身上囉
說明
米蘭風味的炸肉排
是將敲成薄片的牛肉片
用橄欖油炸成香酥口感的肉排。
可說是米蘭的代表菜色之一。
這跟大眾餐廳常有所謂
○○風味的手工漢堡
可完全不一樣!!
那種才不是手工的!!
這真的是米蘭風味。
絕對不會像到了拿坡里
吃不到番茄麵一樣，
既然說是米蘭風味
就肯定是米蘭風味!!
口感很香酥喲♪
今天不看導遊書（就算看了也一樣會迷路），要用自己的腳去找餐廳
嘻嘻，好像專家一樣
啊，發現餐廳了!!就吃那一間吧♪
看，就在那裡！
咚——!!

我看不行，井關老弟。以我們這副德行應該進不去那家餐廳。那麼體面的門僮肯定會趕我們走的！
凡事都應該要有挑戰精神才對
必須打扮成這個樣子才行吧
呵呵呵♪
因為不可能進得去那種餐廳，我們只好繼續找。好不容易發現一家比較平民風格的餐廳，就決定進去了。
TRAMTRAM
畢竟吃飯皇帝大，保持輕鬆的用餐心情很重要。
咚——
米蘭風味的炸肉排
用橄欖油炒過的蔬菜
紅酒♪
米蘭風味的燉飯
麥面包
開動了
從旁邊看只有薄薄一片，但從上面看卻很大塊♪
哇，清脆的聲音♪
沙沙
！
嗯，口感很香酥
好吃極了
比起時尚更在乎吃的兩人
好吃好吃
唏哩呼嚕
好吃好吃
卡滋
卡滋
甜點也很漂亮，而且份量十足
好好吃喲！
大份量的提拉米蘇
以上就是到處很時尚感覺的米蘭

威尼斯街頭巷尾的商店都裝飾有五彩繽紛的面具和衣服，是嘉年華會穿著用的嗎？

咦？這是一般人穿的衣服嗎？

威尼斯之旅到今天結束。
要買什麼紀念品呢…
面具嗎？

威尼斯的面具都很華麗嘛。

找到適合我的面具了。

怎麼樣？好看嗎？

旅行進入第九天，
跟澎湃先生已經混得很熟了。

從飯店到車站，
跟來的時候一樣也是搭水上計程車。

米蘭給人近代化都市和名牌精品店林立的印象。因為之前去的都是充滿歷史色彩的地方，來到這裡便完全打散了觀光氣氛，感覺有些可惜。

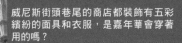

威尼斯的玄關——聖塔露琪亞車站，繼續從這裡搭火車移動到下一個地點。

再見了，威尼斯～

水豚先生和澎湃先生也成了好朋友。

旅行即將接近尾聲，
好像也覺得有些累了。

車廂裡的路線圖。
一路搭下去可以到達瑞士，
感覺也不錯哩。

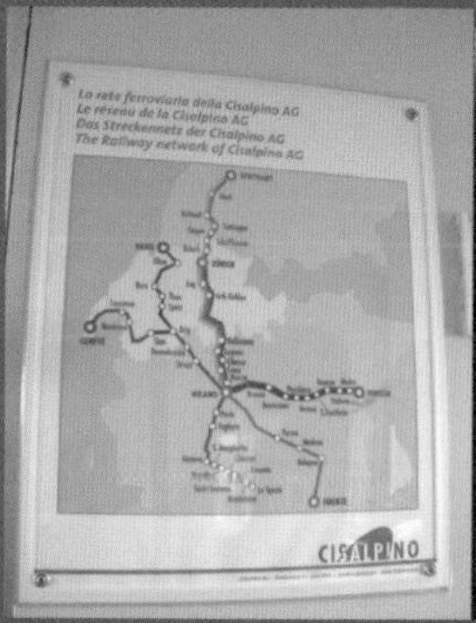

我看看下一個目的地
米蘭是在哪裡。

到達米蘭的中央車站。
車站好漂亮呀！

米蘭是很先進的都市，
感覺我們有些落伍了。

主座教堂旁邊有一座
漂亮的拱廊商場，
裡面有名牌精品店和咖啡廳。

立刻前往主座教堂。據說蓋好花了500年的時間，是全世界最大的哥德式建築。

可惜整修中，
正面都被遮住了。

不過從側面看，
就能感受到整個
建築的精采。

這次旅行最後一天的夕陽即將落下…
晚餐吃什麼呢？

因為是在義大利的最後晚餐，
所以甜點好好地享用了提拉米蘇。

米蘭風味的燉飯，
當然也讓人食指大動。

提到米蘭，
當然就是米蘭風味的炸肉排囉。
香酥的口感，讓人一口接一口。

10DIECI

第十天
後會有期！義大利

義大利最後一天
終於到了最後一天
有些捨不得耶
就是說嘛
中午之前得趕到機場才行。請問最後還有沒有想去的地方？
只是太遠的地方有困難
那就去看那個吧！最有名的那個呀！因為是義大利的最後，當然要去看最後！
當然要去看最後…
達文西的傑作
最後的晚餐!!
喔，原來如此。遺憾的是要去那裡得事先預約才行，因為觀光客太多了。
※參觀得要預約
不過我們還是先過去看看再說
感恩聖母院
看起來最後的晚餐好像應該是在正面的教堂裡，其實是畫在旁邊餐廳的牆上
啪嚓
啪嚓
在教堂前閒晃時，一群剛參觀完的旅行團走了出來……
啪嗒 啪嗒
日本人耶!!
唉呀，太精采了！達文西太棒了！有預約是對的。

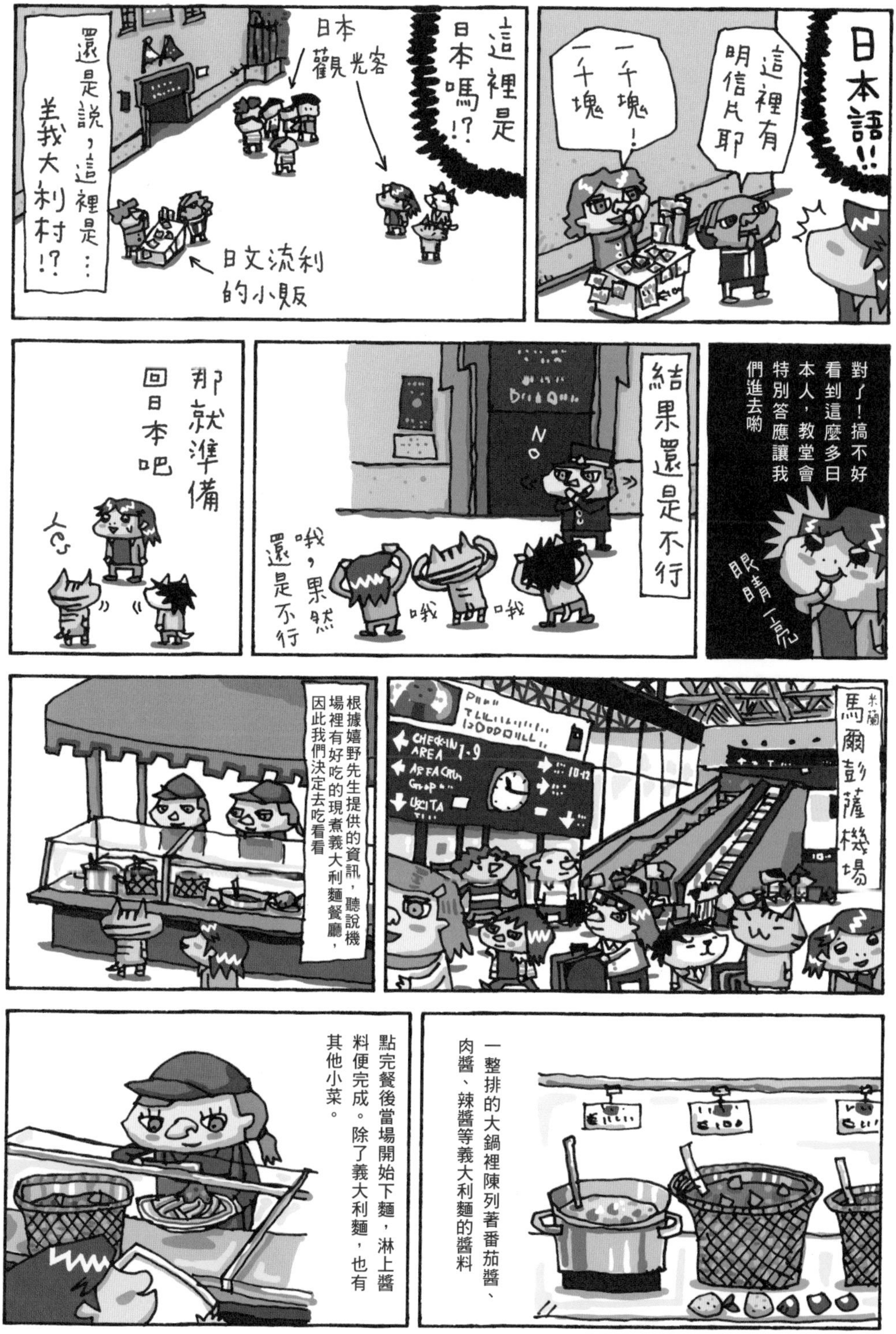
日本語!!
這裡有明信片耶
一千塊！一千塊
這裡是日本嗎!?
日本觀光客
日文流利的小販
還是說，這裡是…義大利村!?
對了！搞不好看到這麼多日本人，教堂會特別答應讓我們進去喲
眼睛一亮
結果還是不行
NO
哦，果然還是不行
哦
哦
那就準備回日本吧
米蘭馬爾彭薩機場
CHECK-IN AREA 1-9
根據嬉野先生提供的資訊，聽說機場裡有好吃的現煮義大利麵餐廳，因此我們決定去吃看看
一整排的大鍋裡陳列著番茄醬、肉醬、辣醬等義大利麵的醬料
點完餐後當場開始下麵，淋上醬料便完成。除了義大利麵，也有其他小菜。

在義大利享用的最後一頓義大利美食
奶油義大利麵
生火腿
莫扎列拉起司
辣醬義大利麵
馬鈴薯
我要一些這個
開動了
雖然很想念日本口味，不過地道的義大利美食每一樣（一部分除外）都很好吃
滋卡滋卡
用完餐後，在機場的商店購買名產
又買了葡萄酒
義大利美食
橄欖油
起司
朝鮮薊醬
葡萄酒
義大利香醋
澎湃先生，你不買些名產嗎
哦，我沒有什麼朋友，所以沒關係啦，而且日本也買得到
本來還覺得很長，結果十天的義大利之旅這麼快就結束了。
雖然是我個人第一次的出國旅行，但已經完全愛上義大利。除了搭飛機外，看來旅行也是不錯的說！
好吧，雖然捨不得，但還是要走!!再見了，義大利!!
揮手
嗶
請過來這裡

嗡……
成田機場
相隔十天回到日本，沒想到一進入機場大廳就聽見歡聲雷動!!難不成在義大利旅行期間，國內已掀起澎湃野吉的熱潮嗎？
哇一
哇一
什麼嘛，搞錯人了
才不是元彬啦，好失望喲
噓
噓
噓
噓
看來是碰上了韓星訪日的班機
居然一回國就遭到一片噓聲
然後解散
各位辛苦了
辛苦了
辛苦了
離家十天歸來
歡迎回家
我回來了
總之一路上很辛苦，不過義大利的食物很好吃!!每天都拚命吃。啊，我有拍下吃飯畫面的錄影帶，準備當資料用。待會放給妳看
對了，有幫我買漫畫週刊嗎？該不會買錯，買到月刊吧？
那我的禮物呢？
啪啦啪啦
啊，對哦
啪嚓
給妳
咚咚咚咚
MADE IN France
咚一
怎麼會是牛軋糖
還是法國製的
好吃！
好喝！

井上先生的旅行相簿

該起床淋浴，
準備動身了。

感覺發生了許多事。

早上了嗎？
今天就要回去了。

因為買了很多紀念品，
行李增加不少。

準備就緒，好，出發吧。

今天乾脆來泡個澡好了。

雖然知道可能無法進去，
還是決定去看看「最後的晚餐」。

就這樣，我們到
了感恩聖母院。

果然還是進不去，
不過聽說有時候沒預約也能進去參觀。

回程的機場就像是最後的堡壘，得買齊送人的禮物、最後想再吃一次哪道菜色等，於是在機場內到處尋找當地名產，各位是不是也一樣呢？

從車站前往機場。
看起來好像是搭火車…
其實是巴士啦。

不管來幾次，
都覺得米蘭中央車站很壯觀。

唉呀呀，澎湃先生累了。

抵達機場。

離班機起飛
還有很多時間。

在機場的
餐廳裡填
飽肚子。

最後的地道義大利美食，
點了肉醬麵，
另外還點了生火腿和莫扎列拉起司。

再見了，義大利～

這是旅程中最後的一段移動。

水豚先生也辛苦了。請來根香蕉吧。

澎湃先生，這十天辛苦了。
請趕快把義大利的遊記給完成吧，
到時候我們再去其他國家旅遊!!

機場擠滿了很多歐巴桑。

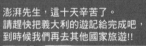

CIAO!

之後，在日本

滾動
太好了，完成了
義大利遊記的圖稿完成了
其實花了兩年的歲月！
似乎有點花太多時間了
※旅行是在 2005 年，圖稿完成則是 2007 年
久等了，煩請將草稿帶回編輯部，做成封面精美的旅遊書吧，SUZU 編輯
天啊
咚
因為等稿等太久，責任編輯都化成白骨了
咻
咕嚕 咕嚕 咕嚕 咕嚕
呼！你知道讓我等多久嗎？這中間還延期了上市好幾次。你總算是完成了嗎!!
不過看到變成了漫畫，感覺還真是一趟好玩的旅行！好想再出去旅行喲
哼
澎湃先生，經過這次旅行，你應該也愛上旅行了吧？？
不會呀
不過義大利之旅的確很好玩，只是回國簡直掉進地獄裡。要喝水嗎？
好啊，給我3公升的水吧
好的！
卡嚓
咚—
結束

澎洋野吉自作主張選出的

義大利綜合排名前三最!!!

☆ 真的好吃得不得了的義大利美食前三最!!!

第1名 瑪格莉特披薩(拿坡里) 太感動了！在找不到番茄義大利麵的拿坡里，只要有這個，一切就安了。

第2名 火腿和起司(到處都有) 不管在哪裡吃到，味道都一樣好吃。就像是日本的「納豆和味噌湯」，給人經典菜色始終最厲害的感覺。

第3名 米蘭風味炸肉排(米蘭) 喜歡酥脆口感的人一定會愛死。

☆ 真的無法接受的義大利美食前三最!!!

第1名 香草義大利麵(波隆那) 到了波隆那就一定得點肉醬麵！千萬別搞錯了。

第2名 牛排(佛羅倫斯) 好硬呀，真的。大概是因為已經習慣日本的牛排口感吧。不對，我其實吃牛排的經驗還不到習慣某種口感的程度哩！

第3名 乾燥納豆(自備) 如果每天吃，一定覺得很噁心。啊，這又不是義大利美食。

☆ 感動經驗前三最!!!

第1名 卡布里島的風光。 好想跟在這裡擁有別墅的人成為朋友。

第2名 佛羅倫斯的街景。 統一都是橘色的屋頂，真是美呆了。

第3名 威尼斯的淹水景象。 因為從沒看過這種景象，受到的衝擊很大。

☆ 失敗經驗前三最!!!

第1名 肖像畫被畫成了色迷迷武士。

第2名 水壺忘了裝可爾必思。

第3名 在波隆那的餐廳點了香草義大利麵。

第4名 以為是換氣扇而誤拉警鈴。

第5名 搞錯飯店電梯，闖進了員工休息室，最後被從後門趕了出去。

第6名 在畫具店看粉彩筆時，一不小心掉在地上粉碎了。明明不想要卻不得不買下來。

第7名 硬被纏上幸運繩敲竹槓。

第8名 錯失打開迎賓香檳的時機。

第9名 紀念品買了牛軋糖。

第10名 明明是前三最卻洋洋灑灑寫了十個。

☆跟日本不同的前三最!!!

第1名 不請自來的敲竹槓幸運繩

第2名 水龍頭自動冒水 ←也有不會冒水的。

第3名 晚上自動販賣機不會運作。
或許應該是沒有出去找 ←半夜因為口渴出去買水，走了半天都找不到自動販賣機，結果還因為迷路差點哭了出來。

☆跟日本相同前三最!!!

第1名 貓很可愛。

第2名 一發現名人就用手機拍照。

第3名 船的引擎是山葉做的。

☆最驚訝前三最!!!

第1名 完全聽不懂大家在說些什麼。

第2名 當飯店警鈴大作時，突然間跑來的飯店員工大聲咆哮，但我還是有聽沒有懂。

第3名 用餐時，井關老弟每次都會將整本菜單翻譯給我們聽。 有好幾次服務生等不及跑來催，但他還是鍥而不捨地翻譯。井關老弟真是認真老實的年輕人。

☆最失望的前三最!!!

第1名 還以為在義大利待了10天，義大利文會很流利。
結果只學會了好吃和謝謝兩句。

第2名 沒有白飯。 ←偶爾也想吃吃被煮成燉飯之前的白米

第3名 沒能去藍洞。

5 ANNI DOPO

於是，
上市 5 年後……

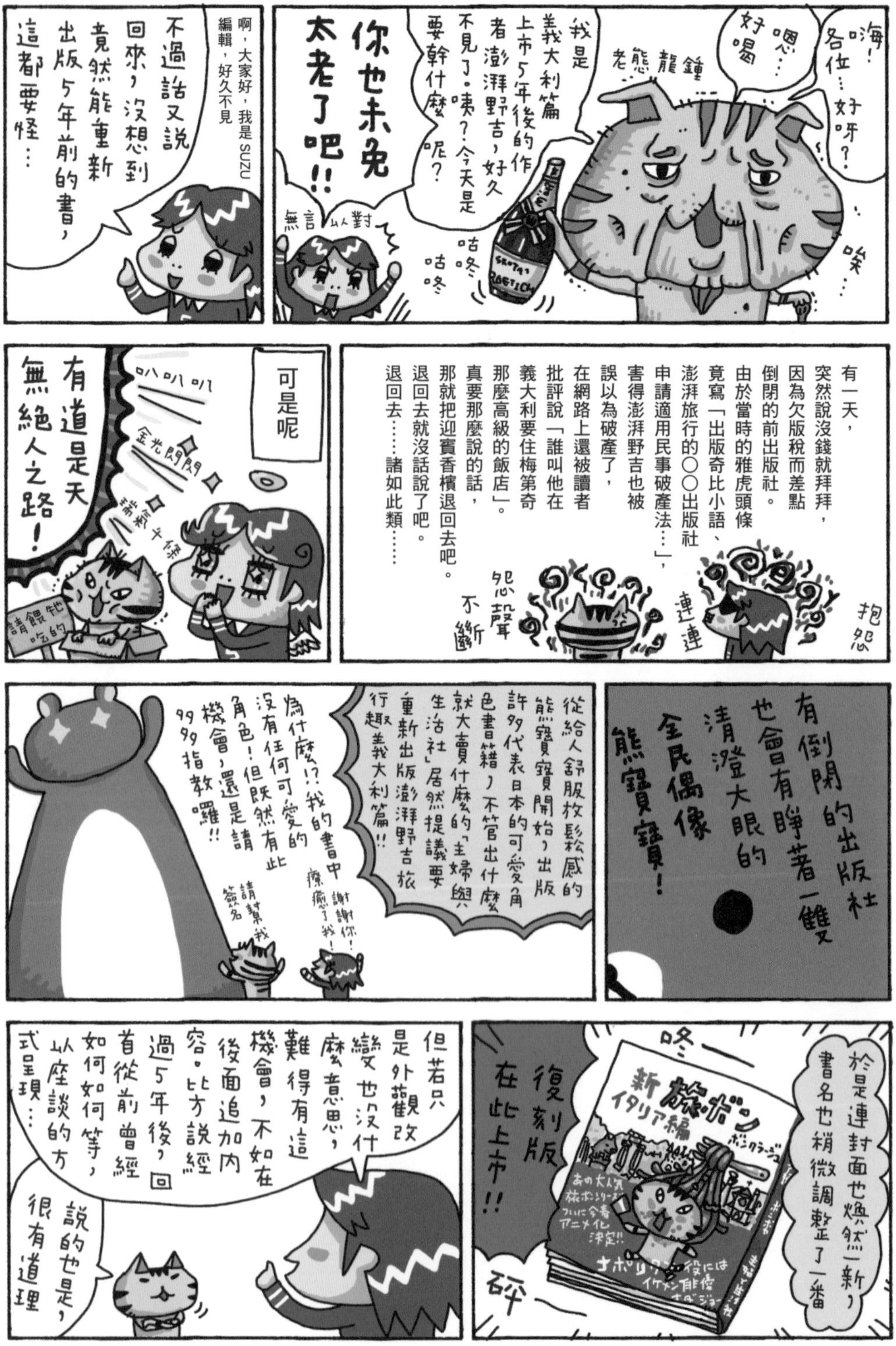
嗨！各位…好呀？
嗯…好喝
老態龍鍾
唉…
我是義大利篇上市5年後的作者澎湃野吉，好久不見了。咦？今天是要幹什麼呢？
咕咚咕咚
你也未免太老了吧!!
無言以對
啊，大家好，我是SUZU編輯，好久不見
不過話又說回來，沒想到竟然能重新出版5年前的書，這都要怪…
有一天，突然說沒錢就拜拜，因為欠版稅而差點倒閉的前出版社。由於當時的雅虎頭條竟寫「出版奇比小語、澎湃旅行的○○出版社申請適用民事破產法…」，害得澎湃野吉也被誤以為破產了，在網路上還被讀者批評說「誰叫他在義大利要住梅第奇那麼高級的飯店」。真要那麼說的話，那就把迎賓香檳退回去吧。退回去就沒話說了吧。退回去……諸如此類……
抱怨連連
怨聲不斷
可是呢
叭叭叭
金光閃閃
瑞氣千條
有道是天無絕人之路！
請餵牠吃的
有倒閉的出版社也會有睜著一雙清澄大眼的全民偶像熊寶寶！
從給人舒服放鬆感的熊寶寶開始，出版許多代表日本的可愛角色書籍，不管出什麼就大賣什麼的「主婦與生活社」居然提議要重新出版澎湃野吉旅行趣義大利篇!!
為什麼!?我的書中沒有任何可愛的角色！但既然有此機會，還是請多多指教囉!!
謝謝你！療癒了我！
請幫我簽名
於是連封面也煥然一新，書名也稍微調整了一番
咚—
復刻版在此上市!!
砰—
但若只是外觀改變也沒什麼意思，難得有這機會，不如在後面追加內容。比方說經過5年後，回首從前曾經如何如何等，以座談的方式呈現…
說的也是，很有道理

因此想再請你補畫個16頁……。你應該還記得吧？去義大利玩的事
一點都不
……不是有錄影嗎？總共錄了好幾捲。去拿出來重看呀！
不知道丟去哪了
給我找出來！
找到了……
那就給我馬上看！
嘰——（收看錄影帶中）
你少在那邊跟大家追流行，總要考慮到幾年後才會讀到這本書的讀者吧
要看家政婦女王嗎？
嗯
那就開始放吧——♪
啦啦啦！♪啦啦啦！
啦啦啦！♪啦啦啦！
啦啦啦啦啦啦！♫
唉呀，重新回顧，真是發生不少事。義大利旅行是5年…不對，是7年前，感覺卻好像只是昨天的記憶
就像是錄影畫面般清晰
就是說嘛。旅行本身是在出書的2007年的2年前，就是因為有個傢伙畫了2年，才會讓事情變得這麼複雜…
不過可喜的是這本義大利篇真的大受好評，大家都說好玩！也因此今天才能重新復活，讓更多的人樂在其中哩。
太好了♪
可是網路上的讀者評比寫著「不值得買」耶
你說什麼？網路上應該是一片叫好聲吧！還有人說讀過之後很想去義大利玩嘿!!
也有人認為由義大利通的井關老弟來寫還比較有用……
到底是哪些負面星球的人呀?!
對了，說到井關老弟，要是也能請他一起來座談會就好了。可惜連絡不上，不知道井關老弟現在怎樣了
Ciao
反正還不是在義大利留學，搞不好正在西班牙廣場搭訕女生？
哼！
井關老弟才不是那種人!!
你不要因為人家說井關老弟來寫還比較實用，就要破壞他的形象故意就捏造亂說！井關老弟是個老實人！
不好意思，都是一堆字

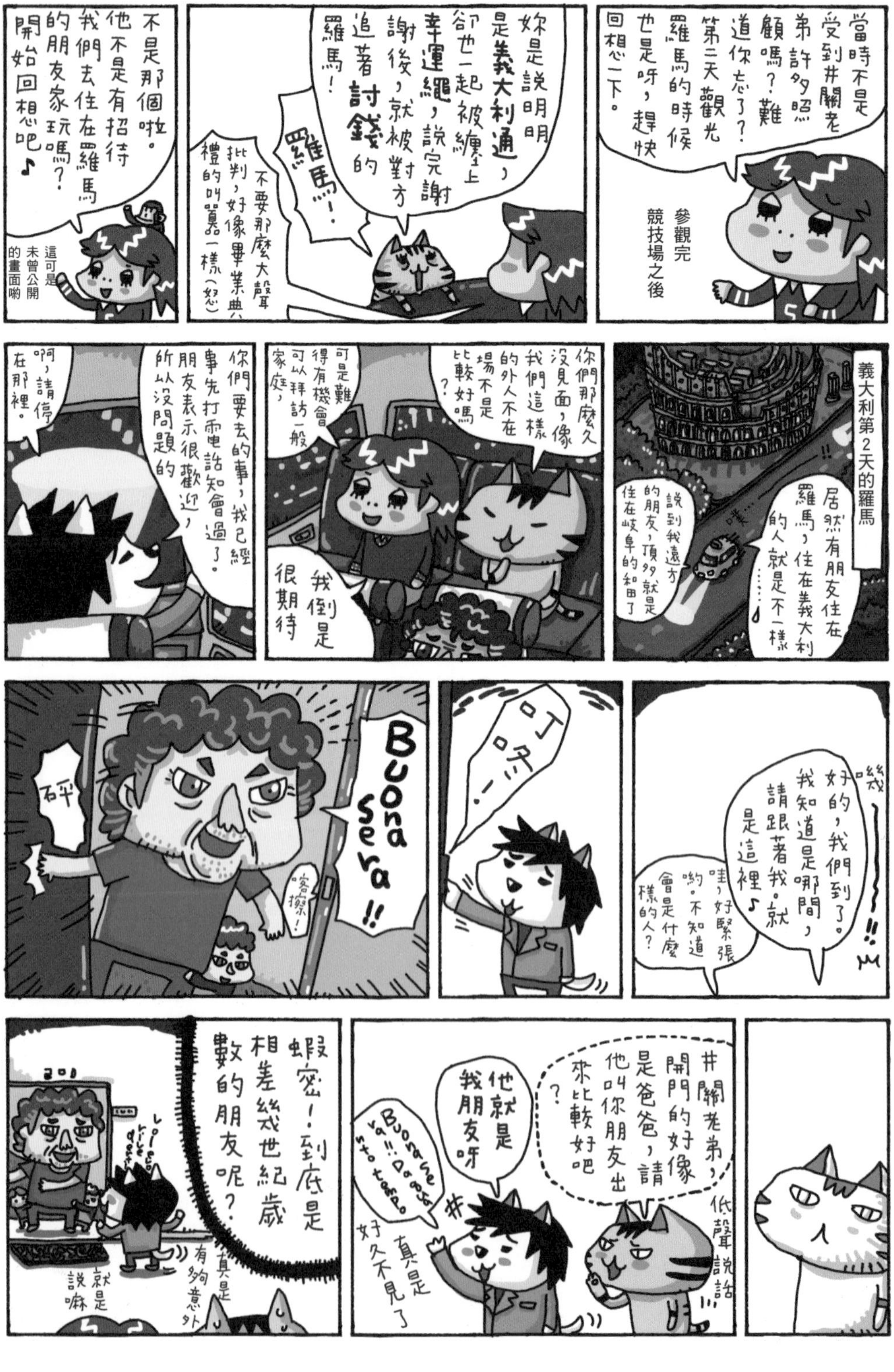

當時不是受到井關老弟許多照顧嗎？難道你忘了？第二天觀光羅馬的時候也是呀，趕快回想一下。
參觀完競技場之後
妳是說明明是義大利通，卻也一起被纏上幸運繩，說完謝謝後，就被對方追著討錢的羅馬！
羅馬！
不要那麼大聲批判，好像畢業典禮的叫罵一樣（怒）
不是那個啦。他不是有招待我們去住在羅馬的朋友家玩嗎？開始回想吧♪
這可是未曾公開的畫面喲
義大利第2天的羅馬
居然有朋友住在羅馬，住在義大利的人就是不一樣……
說到我遠方的朋友，頂多就是住在岐阜的知田了
噗……
你們那麼久沒見面，像我們這樣的外人不在場不是比較好嗎？
可是難得有機會可以拜訪一般家庭，
我倒是很期待
你們要去的事，我已經事先打電話知會過了。朋友表示很歡迎，所以沒問題的
啊，請停在那裡。
好的，我們到了。我知道是哪間，請跟著我。就是這裡♪
嘰～～!!
哇，好緊張喲。不知道會是什麼樣的人？
叮咚！
Buona Sera!!
砰
喀擦！
井關老弟，開門的好像是爸爸，請他叫你朋友出來比較好吧？
低聲說話
他就是我朋友呀
Buona Sera!! Da quanto tempo
真是好久不見了
蝦密！到底是相差幾世紀歲數的朋友呢？
真是有夠意外
就是說嘛

在日本如果將歲數差這麼多的年長者稱為朋友，恐怕會被認為「年紀輕輕沒禮貌」。但是這種超越各種藩籬的對等關係感覺很棒哩，尤其是對方腳邊的…
可愛的生物!?
令人眼睛為之一亮
好可愛喲
哇——
哇呵呵!
原來真的有天使!!
噢…外國小孩就像洋娃娃一樣，好像法國洋娃娃喲，雖然她是義大利人。♡
老實說，這是我有生以來首次見到的真正可愛的小朋友！
你已經跟全日本的小朋友為敵了。但我能夠了解你要說的意思。
來，送妳禮物！是小猴子喲♡
不可以!!
井關老弟住在義大利時感情交好的此一家庭。爸爸的職業竟是電影導演!!
Padre
figlio
E' carina!
電影導演，猴塞雷呀——!!吉羅拉莫＊聽了也會很驚訝吧
驚呼連連
對了，兩位餓了吧？他說現在要準備簡單的晚餐，一起用吧！
翻譯：猜猜看那孩子說了些什麼？
「喂，井關，好久不見了。擔心你回日本會不會過著失意落魄的日子。好吧，就讓我來檢視一下你的修練成果」
Sono molto lieto di conoscerla.
太棒了♪
我不知道吉羅拉莫有沒有說過會做菜的男人才能受到女人的喜愛。不過這倒是很像那傢伙會說的話。重點是，義大利男人做菜的樣子也很帥！
嗞—!

＊譯注：吉羅拉莫，Panzetta Girolamo，在日本發展的義大利籍的熟男藝人

話又說回來，突然間深夜來訪
古拉切（謝謝）♪
還讓人家請吃晚飯，簡直就像搞笑藝人米助的行為一樣，真是歹勢！
啊，上菜了上菜了。♪
咚
咚～
哇～
看起來好好吃的樣子喲♪
這是寬版櫛瓜義大利麵拌白醬嗎？
小澀，你先用吧♪
嗯，好香的味道
沒關係啦，難得有這個機會，還是等大家到齊再開動……
什麼？
NO!!!
怒目一瞪！
NO～!!
嘰哩呱啦嘰哩呱啦
什麼啦，他說什麼？
井關老弟，他在說什麼呢？
他是說義大利麵的火候是關鍵，一煮好就得馬上吃。這是義大利的規矩。
Si，Si
義大利麵不能等！
Si～!!
感覺好像說了很炫又不太炫的義大利格言！！
如雷貫耳
既然大廚都這麼說了，那就恭敬不如從命，先吃再說
哈呼 哈呼 哈呼 哈呼 哈呼 哈呼
好燙呀！但真的是
波諾（好吃）
狼吞虎嚥!!
嚼嚼嚼嚼～
吃相真噁心
嗯～雖然剛煮好最好吃的並非僅限於義大利麵，但這個義大利麵實在超乎想像的可口
謝謝

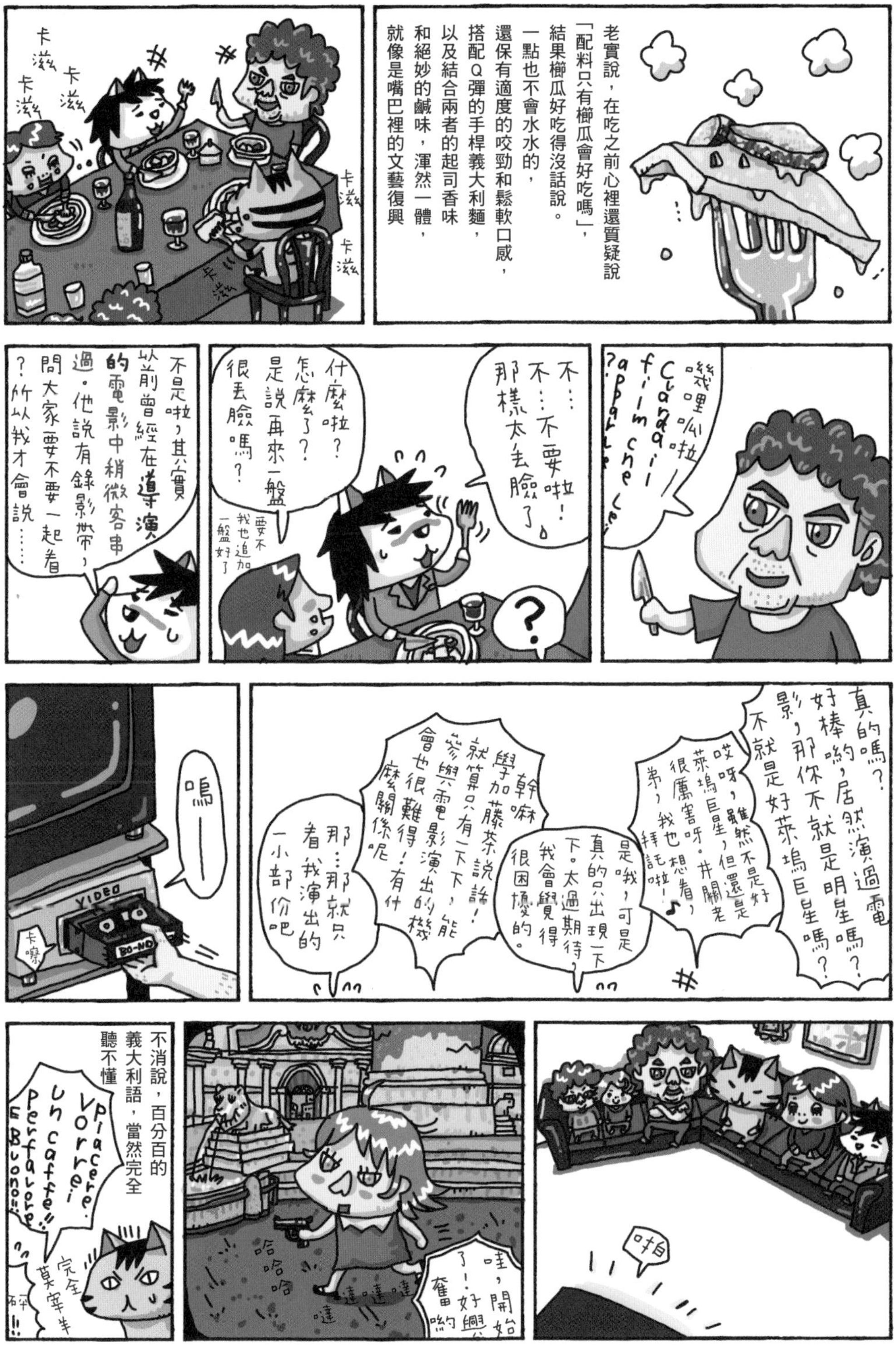
老實說，在吃之前心裡還質疑說「配料只有櫛瓜會好吃嗎」，結果櫛瓜好吃得沒話說。一點也不會水水的，還保有適度的咬勁和鬆軟口感，搭配Q彈的手桿義大利麵，以及結合兩者的起司香味和絕妙的鹹味，渾然一體，就像是嘴巴裡的文藝復興
卡滋 卡滋 卡滋 卡滋 卡滋 卡滋
嘰哩呱啦 Ciaraa. il film che le apparire?
不…不…不要啦！那樣太丟臉了。
什麼啦？怎麼了？是說再來一盤很丟臉嗎？
要不我也追加一盤好了
？
不是啦，其實以前曾經在導演的電影中稍微客串過。他說有錄影帶，問大家要不要一起看？所以我才會說……
真的嗎？好棒喲，居然演過電影，那你不就是明星嗎？不就是好萊塢巨星嗎？
哎呀，雖然不是好萊塢巨星，但還是很厲害呀。井關老弟，我也想看，拜託啦！♪
是哦，可是真的只出現一下下。太過期待，我會覺得很困擾的。
幹嘛學加藤茶說話！就算只有一下下，能參與電影演出的機會也很難得！有什麼關係呢
那…那就只看我演出的一小部份吧
嗚——
VIDEO
卡嚓
啪
哇，開始了！好興奮喲
哈哈哈
噠噠噠噠
噠
不消說，百分百的義大利語，當然完全聽不懂
Piacere. Vorrei un caffe!! Perfavore E Buono!!
完全莫宰羊
碎!!

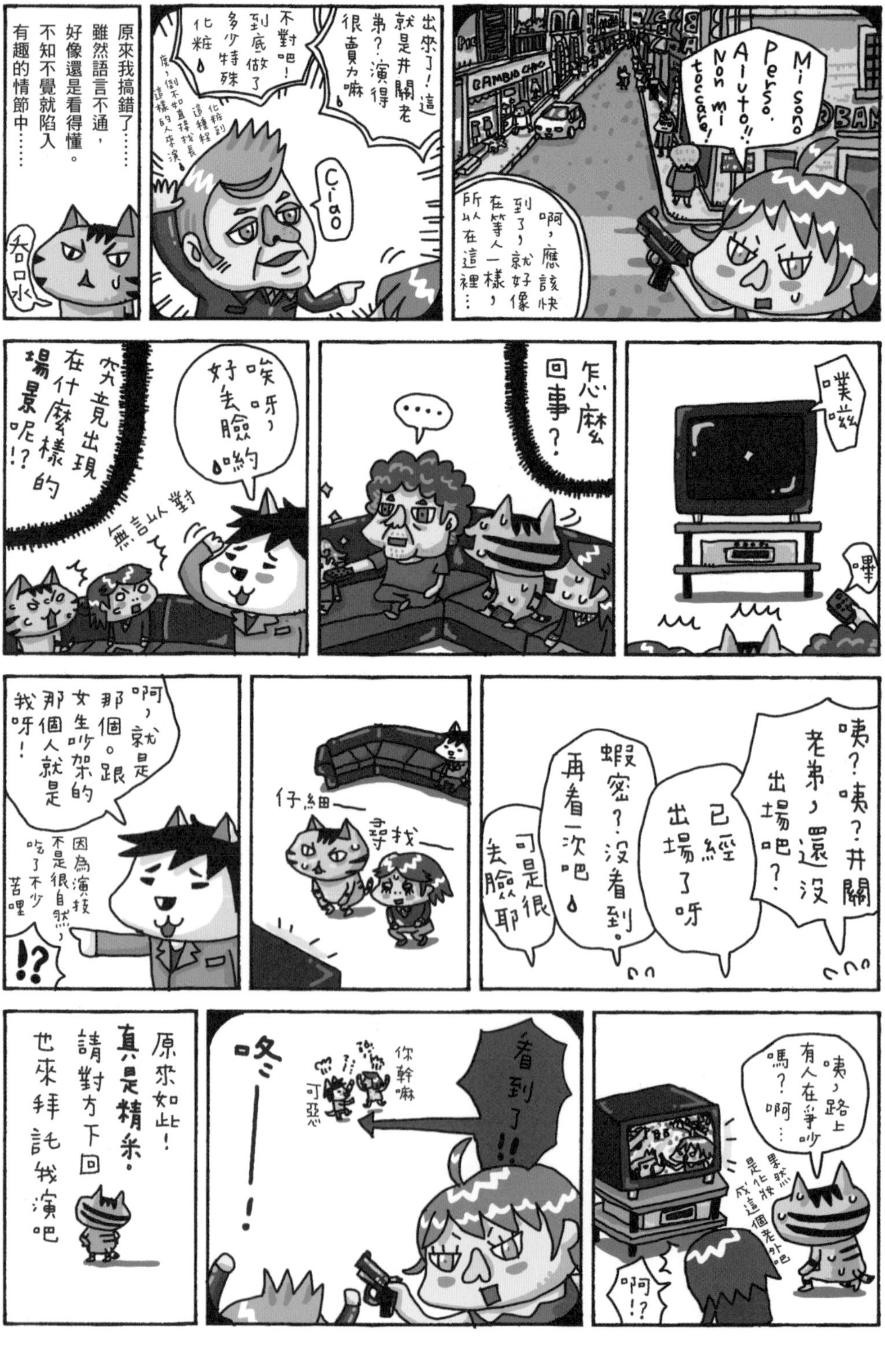
Mi sono Perso. Aiuto!! Non mi toccare!
啊，應該快到了，就好像在等人一樣，所以在這裡…
出來了！這就是井關老弟？演得很賣力嘛
不對吧！到底做了多少特殊化粧
化粧到這種程度，倒不如直接找長這樣的人來演
Ciao
原來我搞錯了……雖然語言不通，好像還是看得懂。不知不覺就陷入有趣的情節中……
吞口水
噗嗞
嗶
怎麼回事？
…
唉呀，好丟臉喲
究竟出現在什麼樣的場景呢!?
無言以對
咦？咦？井關老弟，還沒出場吧？
已經出場了呀
蝦密？沒看到。再看一次吧
可是很丟臉耶
仔細—
尋找—
啊，就是那個。跟女生吵架的那個人就是我呀！
因為演技不是很自然，吃了不少苦哩
!?
咦，路上有人在爭吵嗎？啊…
果然是化妝成這個老外吧
啊!?
看到了!!
咚—!!
你幹嘛
可惡
原來如此！真是精采。請對方下回也來拜託我演吧

嗡嗡嗡
嗡嗡嗡♪
結束回想畫面的信號聲響了!!
怎麼樣呢？井關老弟人很好吧？
的確是。這麼說來，他的確是個好人。我太失禮了，ㄟ嘿嘿♪
就是說嘛。那麼老實的年輕人，經過7年也不可能變成吉羅拉莫那樣的人吧
是呀。就算過了7年，他也不會變的，ㄟ嘿嘿。
別硬要學年輕人說話
我沒有比較的意思，但是另一位（？）旅行夥伴就某種意義來說，完全就是怪咖了
嗯？還有其他人嗎…難道是…
不是啦，就是那個跟井上先生一起拍照的…
水豚君
呀！♪
圓滾滾
圓滾滾
叩可！
超級圓滾滾
我來說明
那是以前在BONte雜誌上一起連載過的角色之一，當時已有填充娃娃上市，但還沒有出書，所以有時讓牠在照片中出現
那是水豚君剛出道時，沒有什麼知名度。帶來給小澎看時，還被念說「這個長得跟冬天用的拖鞋一樣的東西賣得出去嗎」？
我沒說過
大吃一驚
用力否認
拜託～請不要再說這種話了好嗎？要是被TRYWORKS（創作水豚君的公司）的人看到了，不是很失禮嗎？雖然彼此認識，氣氛也很僵吧。萬一他們要沒收上次給的水豚君回去，該怎麼辦？
放心好了，大家都是朋友啦
嗯，話是沒有錯。雖說是朋友，以角色畫家的資歷來說，我可是前輩。7年前也是為了讓剛出道的可愛角色多少增加一點知名度，才讓牠在這本書中露面的…
誰知道一下子之間，知名度就被遠遠超越了！
閃亮圓滾滾
好耀眼呀！不，已經是明星了！已經到了伸手無法觸及的地位了
噢！愛卡麗娜，好可愛喲
哇!! 真可愛，艾貝拉
圓滾滾
圓滾滾
大受歡迎
的確牠在國外的空姐間也大受好評。雖然很像冬天用的拖鞋，卻也很可愛!! 就是因為像冬天用的拖鞋，所以很可愛！
不過我沒說過那種話!! 大概吧
水豚君想來應該很忙，如果可以的話，下次再一起旅行吧
嘻嘻嘻…
©TRYWORKS

主座教堂
(百花聖母教堂)
佛羅倫斯的象徵
很大!
總之就是很宏偉!
圓的!屋頂是圓的!!
據說花了160年以上才整個完成，從觀景台上可以環視整個風景。
嗯，果然澎湃野吉旅行趣義大利篇還是畫得比較細膩，很棒♪
來自讀者們的感想也多半表示插圖都是彩色、畫得很仔細、有不同於照片的風趣，所以很喜歡。
唉呀，真的嗎？我其實還很拙劣，只能不斷努力保持謙虛地……
追求完滿的美罷了!!
翹起
驕傲得跟天狗*一樣
儘管是那樣…
嗯？
氣氛不大對勁
卻沒有畫到拿波里吧？
P.52的地方
蛤？幹嘛突然說這個。啊，妳是說第3天的那個嗎？因為那裡的風景實在太漂亮了…而且
因為那個嘛……
你只寫上一句拿波里的風景美到甚至有「看過拿波里，死不足惜」這句話，結果卻連一格都沒畫出來。如今就算事過境遷，不覺得太過份嗎？
從當時起就一直很在意這一點
就像是聽到「現在加購洋芋片有優惠，但本店沒有洋芋片」一樣，不會很火大嗎？又好像聽到服務生說「點飲料暢飲後，除啤酒外可享40分鐘喝到飽的服務，但本店只賣啤酒」，你會怎麼樣？一定會氣得反駁「那就不要說呀」!!不是嗎？
身為插畫家卻畫不出來…
既然介紹拿波里很漂亮，就該讓讀者也能看到，要不然…
妳說夠了沒(怒)
呵！披薩…
翻桌!!
可惡的傢伙
那麼複雜繁複的景色，要怎麼畫嘛？
哇嗚……
你們上面的人，哪裡知道畫拿波里的困難度！
咻
逃跑了
3天後……
說得太過嚴厲了嗎…
糟糕！剩下的篇幅…
……了

*註：日文變成天狗，意味著變得驕傲。

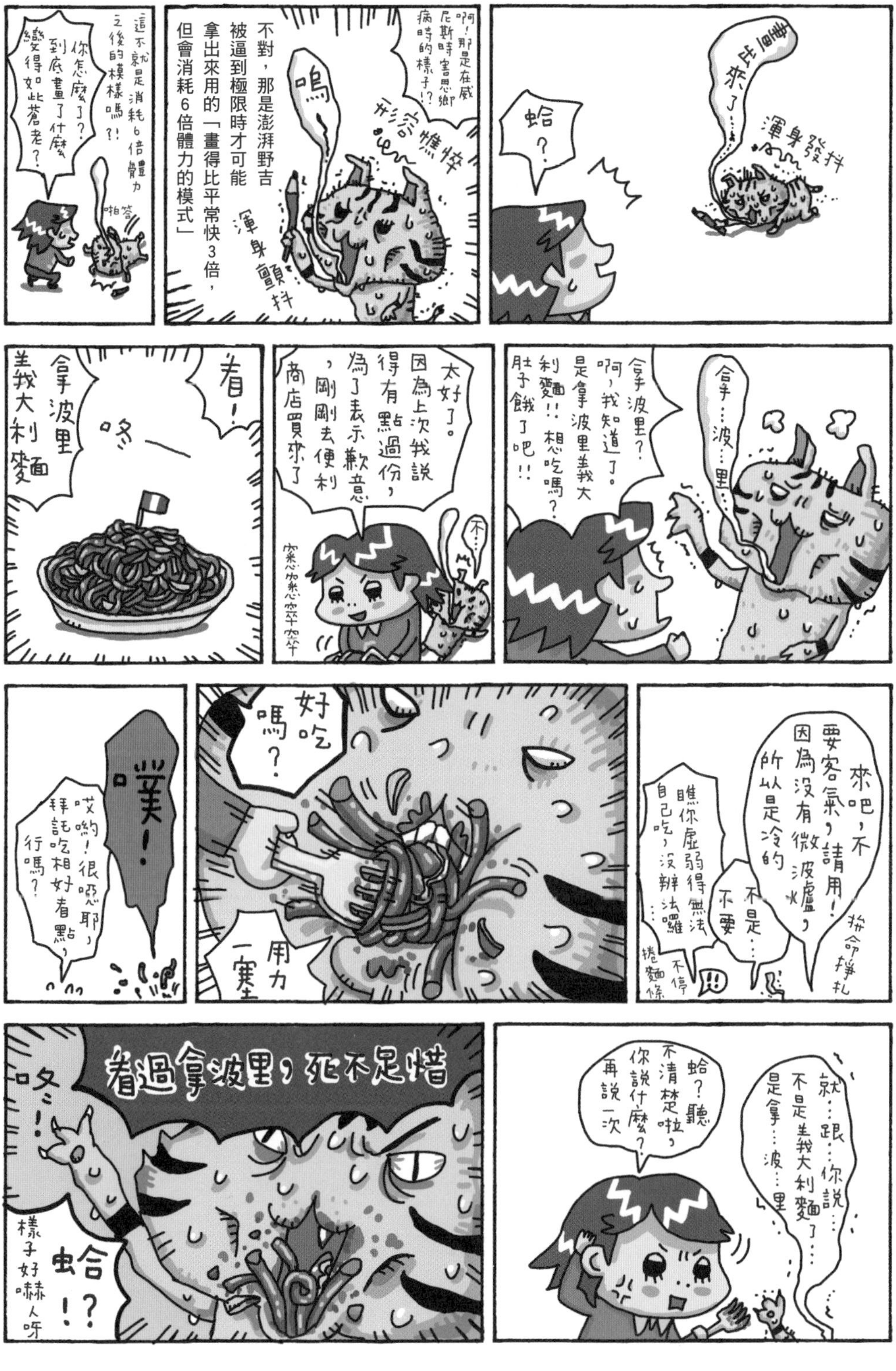
畫比來了……
渾身發抖
蛤？
啊！那是在威尼斯時害思鄉病時的樣子！？
形容憔悴
嗚
不對，那是澎湃野吉被逼到極限時才可能拿出來用的「畫得比平常快3倍，但會消耗6倍體力的模式」
渾身顫抖
這不就是消耗6倍體力之後的模樣嗎？！
你怎麼了？到底畫了什麼變得如此蒼老？
啪答
拿…波…里…
拿波里？啊，我知道了。是拿波里義大利麵！！想吃嗎？肚子餓了吧！！
太好了。因為上次我說得有點過份，為了表示歉意，剛剛去便利商店買來了
不…
窸窸窣窣
看！
咚——
拿波里義大利麵
來吧，不要客氣，請用！因為沒有微波爐，所以是冷的
拚命掙扎
不是…
不要
瞧你虛弱得無法自己吃，沒辦法囉……
捲麵條
不停
好吃嗎？
用力一塞
噗！
哎喲！很噁耶，拜託吃相好看點，行嗎？
就…跟…你說…不是義大利麵了…是拿…波…里…
蛤？聽不清楚啦，你說什麼？再說一次
看過拿波里，死不足惜
咚！
蛤！？
樣子好嚇人呀

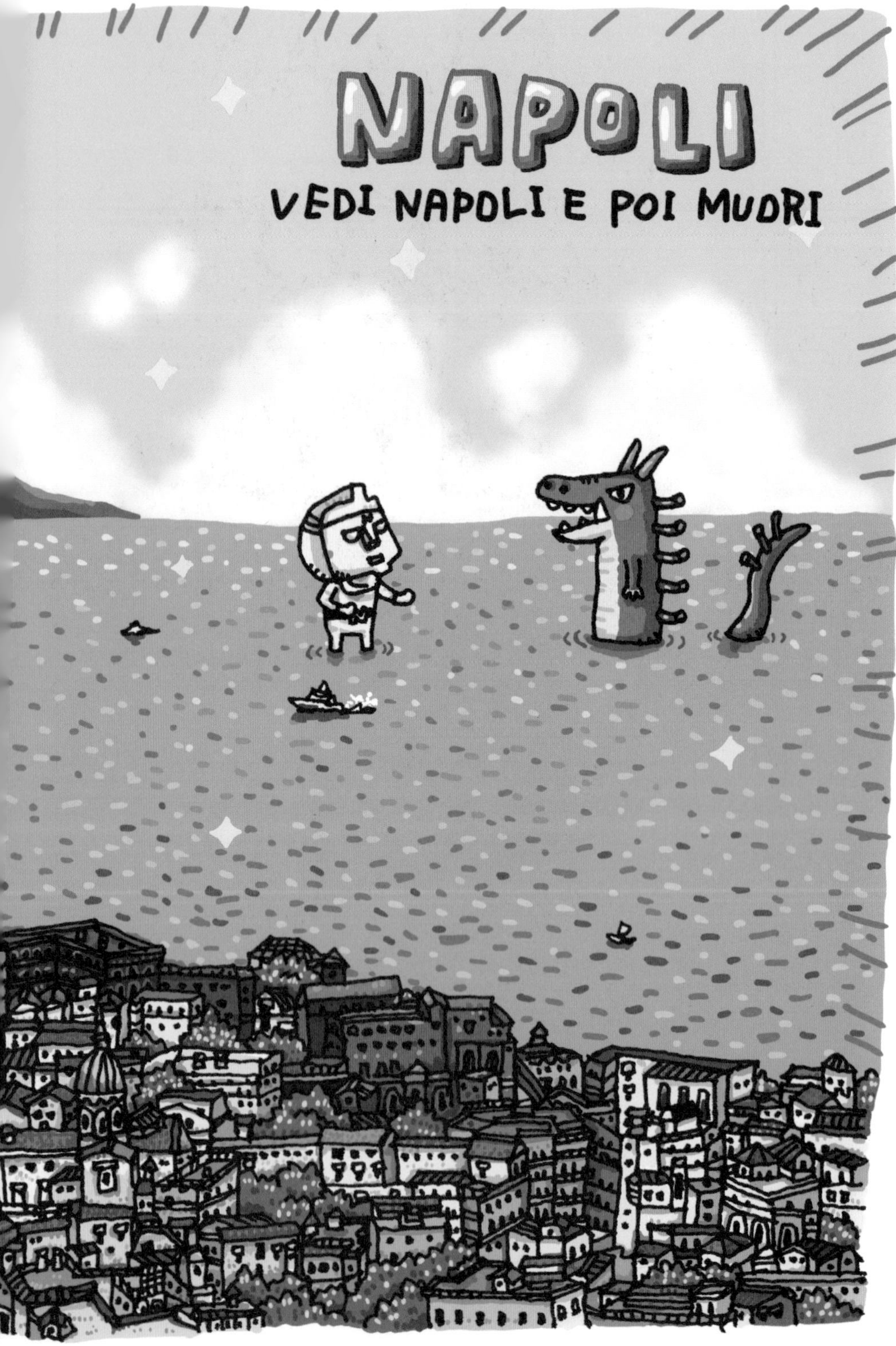
NAPOLI
VEDI NAPOLI E POI MUORI

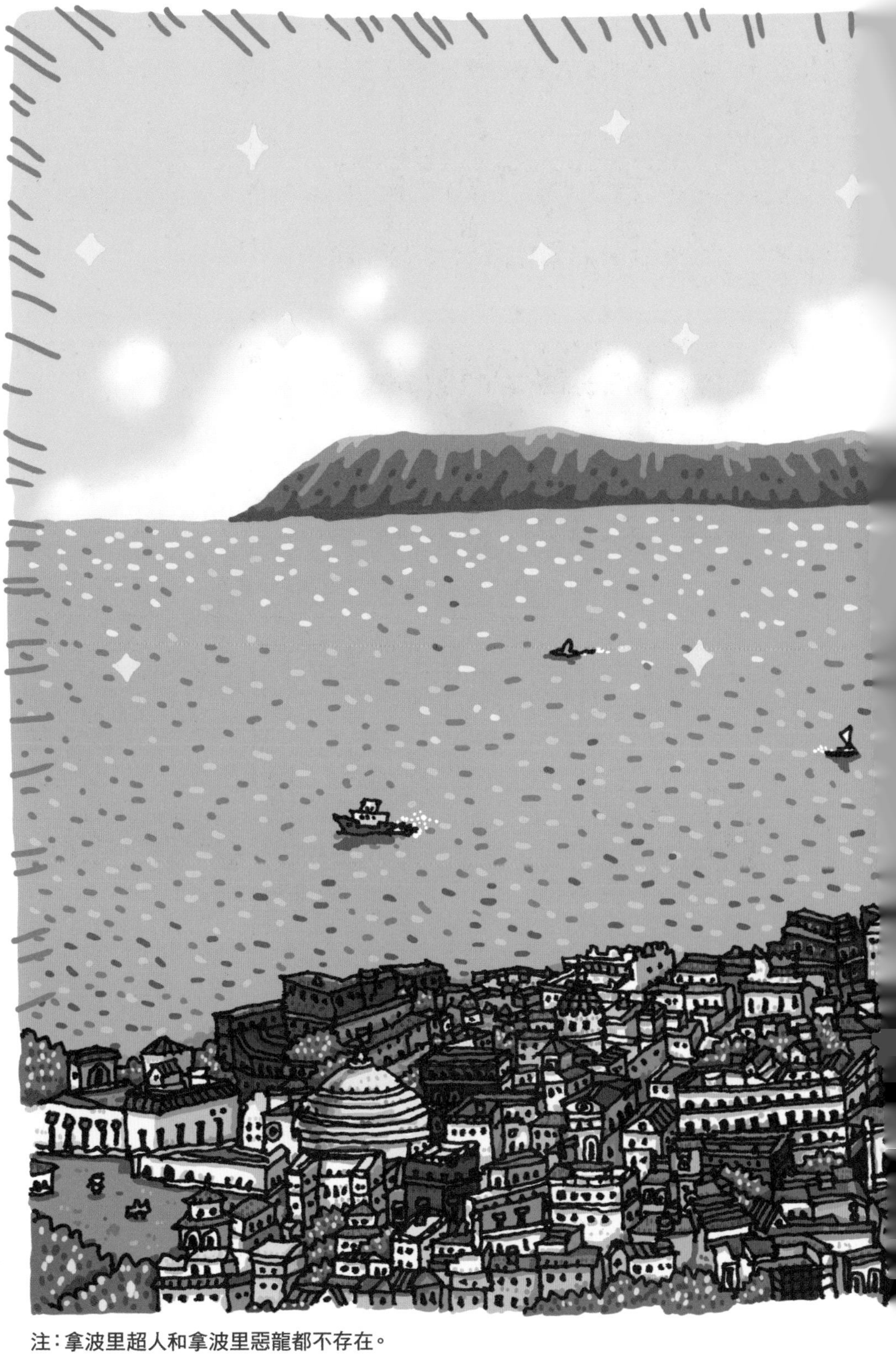

注：拿波里超人和拿波里惡龍都不存在。

好棒！這正是拿波里呀!!
那個據說遠眺景色讓每個人都感動的港都，一旦走近，垃圾問題則讓每個人都鼻頭深鎖的拿波里，不就是這個樣子嗎!!
雖然有怪東西…
你成功了，大師!!果然是有志者事竟成
Good!
看來這5年沒有白活，好樣的♪
微微一笑
啪噠！
大師！
澎湃大師!!(哭)
呼嚕嚕嚕
不要耍我
最後該說些什麼好呢
對了
啊，有了
這麼說來，在義大利買的名產，後來怎麼了？比方說，倒在那裡的香檳還是…
至於大家都知道牛軋糖不怎麼受歡迎，就不用提了
哦？這個嗎？
咚——
MOËT & CHANDON
7年來？迎賓…
還是沒開來喝
2012.2月現在
不出所料。嚴格來說，那不能算是名產，是你擅自帶回來的。而且還完全錯過打開的時機。隨便讓它在常溫的房間裡滾來滾去，不能算是「熟成」的工夫，只是躺在房間地板上而已，保存狀態很糟糕。
啊！那個怎麼樣呢？在威尼斯買的，很漂亮的義大利皮革記事本!!(參閱P.131)不是有人說回日本要拚命用舊，把皮件養出漂亮的焦糖光澤嗎？應該養得不錯了吧？
!!
啊，是這個嗎？
還是新的嘛！
咚——
2012.2月現在

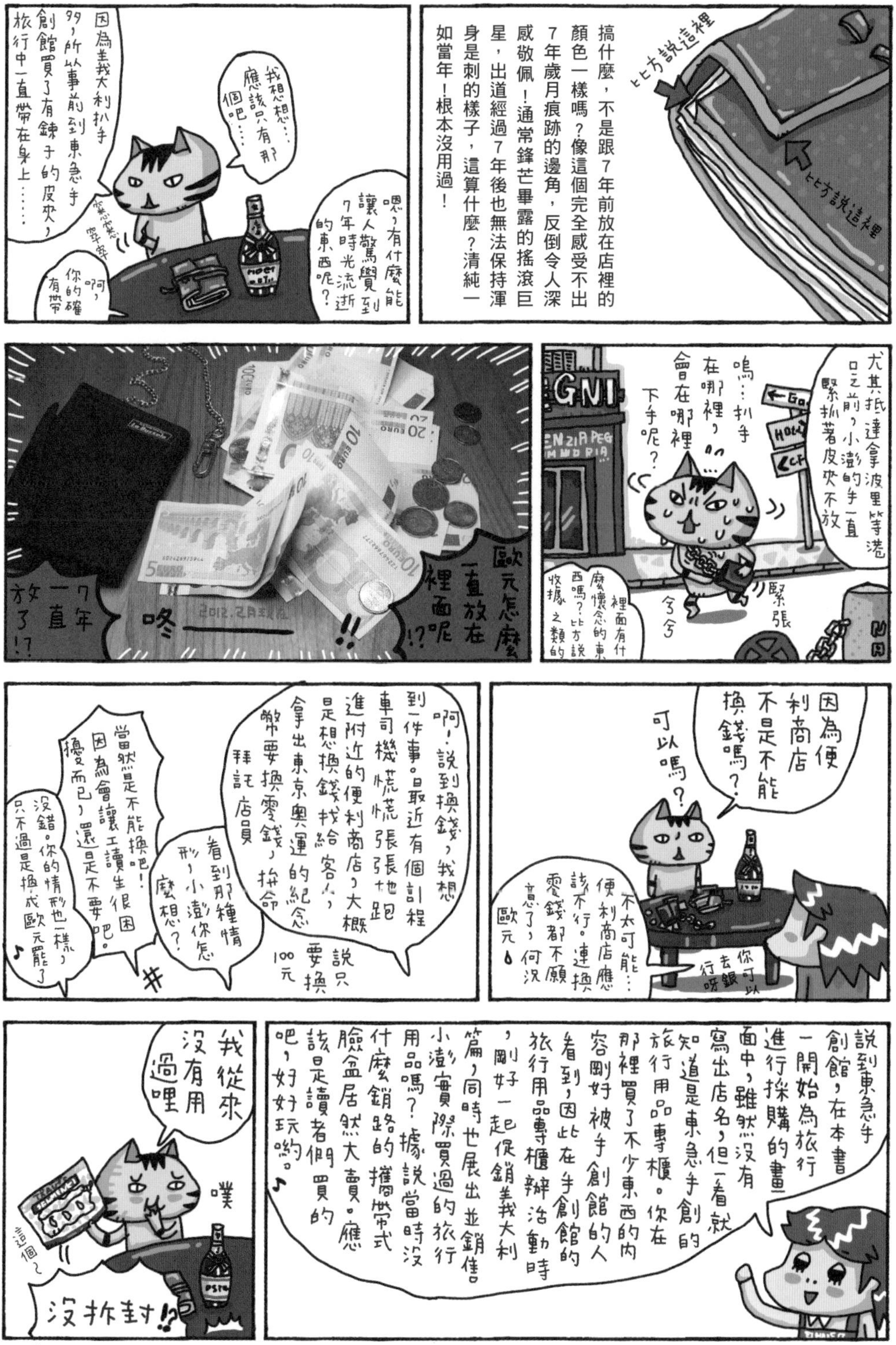

比方說這裡
比方說這裡
搞什麼，不是跟7年前放在店裡的顏色一樣嗎？像這個完全感受不出7年歲月痕跡的邊角，反倒令人深感敬佩！通常鋒芒畢露的搖滾巨星，出道經過7年後也無法保持渾身是刺的樣子，這算什麼？清純一如當年！根本沒用過！
嗯，有什麼能讓人驚覺到7年時光流逝的東西呢？
我想想…應該只有那個吧……
因為義大利扒手多，所以事前到東急手創館買了有鍊子的皮夾，旅行中一直帶在身上……
窸窸窣窣
啊，你的確有帶
尤其抵達拿波里等港口之前，小澎的手一直緊抓著皮夾不放
嗚…扒手在哪裡，會在哪裡下手呢？
緊張
兮兮
裡面有什麼懷念的東西嗎？比方說收據之類的
歐元怎麼一直放在裡面呢!?
7年一直放了!?
咚——
!!
2012.2月現在
因為便利商店不是不能換錢嗎？
可以嗎？
不太可能…便利商店應該不行。連換零錢都不願意了，何況歐元
你可以去銀行呀
啊！說到換錢，我想到一件事。最近有個計程車司機慌慌張張地跑進附近的便利商店，大概是想換錢找給客人，拿出東京奧運的紀念幣要換零錢，拚命拜託店員
說只要換100元
看到那種情形，小澎你怎麼想？
當然是不能換吧！因為會讓工讀生很困擾而已，還是不要吧。
沒錯。你的情形也一樣，只不過是換成歐元罷了♪
說到東急手創館，在本書一開始為旅行進行採購的畫面中，雖然沒有寫出店名，但一看就知道是東急手創館的旅行用品專櫃。你在那裡買了不少東西的內容剛好被手創館的人看到，因此在手創館的旅行用品專櫃辦活動時，剛好一起促銷義大利篇，同時也展出並銷售小澎實際買過的旅行用品嗎？據說當時沒什麼銷路的攜帶式臉盆居然大賣。應該是讀者們買的吧，好好玩喲♪
我從來沒有用過哩
噗
這個～
沒拆封!?

完

5年後的

結語

儘管畫了好幾本的澎湃野吉旅行趣，
卻從來沒有寫過結語。
那是因為最後寫上結語，
感覺就像是親自宣佈那趟愉快的旅行就此結束。
一想到這裡，
就發現其實自己還想稍微沈浸在旅行回憶的餘韻中，
當然，畫完圖會有很大的安心感，
但也有同樣分量類似寂寥、名為若有所失感的……
哎喲！好痛！一張大臉!!
有著一張扁平大臉的大叔居然咬了我一口!!
完了！本來為了寫得冠冕堂皇些而說謊，結果欲罷不能
成了前半段都是謊言的結語！
我要對阻止我繼續說謊下去的真實之口表達由衷的敬意。
其實沒寫結語的真正理由，
當然是「哪有閒功夫寫(每一本都是)。」
光是為了上色人家早就忙不過來了呀，老兄(含淚哭訴)！
這一次因為是在出書5年後，所以有時間回首從前，
才試著寫寫看，結果還是慘不忍睹。
最後，下一本書我一定會遵守交稿期限，
努力寫一篇有內容的結語……好痛!!

2012.2月 Bon.

感謝讀到最後一頁

彎腰一鞠躬

Bon.

TITAN 085

澎湃野吉旅行趣 1

第一次出國就去義大利

澎湃野吉◎圖文　張秋明◎翻譯　郭怡伶◎手寫字

出版者：大田出版有限公司
台北市10445中山區中山北路二段26巷2號2樓
E-mail：titan3@ms22.hinet.net　http：//www.titan3.com.tw
編輯部專線：（02）25621383　傳真：（02）25818761
【如果您對本書或本出版公司有任何意見，歡迎來電】

總編輯：莊培園
副總編輯：蔡鳳儀
執行編輯：陳顗如
行銷企劃：高欣妤、張家綺
校對：陳佩伶／蔡曉玲／蘇淑惠
初版：二〇一二年（民101年）六月三十日　定價：280元
增訂三刷：二〇一四年（民103年）八月三十日

印刷：上好印刷股份有限公司・（04）23150280

國際書碼：978-986-179-250-7　CIP：745.09/101006125

旅ボン一イタリア編
TABIBON：ITALY HEN by Bonboya-zyu

Original Japanese edition published in 2007 by GOMA-BOOKS CO., LTD.
Complex Chinese Character translation rights arranged with BON-SHA Co.,Ltd.
Through Owls Agency Inc., Tokyo.

※本書係根據2005年4月的義大利之旅所描繪而成。當地的情況、出場人物的服務單位、職位、年齡等都是以取材當時為準。